丛书系国家社科基金重大招标项目《以"两个结合"继续推进马克思主义中国化时代化研究》（项目编号：23ZDA006）阶段性成果

中山大学中共党史党建研究院
理解和推进"第二个结合"丛书

张 浩 主编

读懂 自强不息

贾 茹／著

人民日报出版社
北京

图书在版编目（CIP）数据

读懂自强不息 / 贾茹著；张浩主编 . -- 北京：人民日报出版社, 2024.10. -- ISBN 978-7-5115-8452-6

Ⅰ . D262.3

中国国家版本馆 CIP 数据核字第 2024K9N099 号

书　　名：	读懂自强不息	
	DUDONG ZIQIANGBUXI	
著　　者：	贾　茹	
主　　编：	张　浩	

出 版 人：刘华新
策 划 人：欧阳辉
责任编辑：毕春月　刘思捷
装帧设计：新成博创

出版发行：人民日报出版社
社　　址：北京金台西路 2 号
邮政编码：100733
发行热线：（010）65369509　65369527　65369846　65363528
邮购热线：（010）65363531　65363527
编辑热线：（010）65369521
网　　址：www.peopledailypress.com
经　　销：新华书店
印　　刷：北京盛通印刷股份有限公司
法律顾问：北京科宇律师事务所　（010）83622312

开　　本：710mm×1000mm　1/16
字　　数：164 千字
印　　张：14.75
版次印次：2024 年 10 月第 1 版　2024 年 10 月第 1 次印刷

书　　号：ISBN 978-7-5115-8452-6
定　　价：49.80 元

如有印装质量问题，请与本社调换，电话：（010）65369463

理解和推进"第二个结合"丛书
编委会

策　划：刘志明

主　编：张　浩

编　委（按丛书顺序）：

罗嗣亮　陶　颖　吴之声　何　旗　吴　瑞　余　斌

黄越泓　骆红旭　贾　茹　邓菀莛　姚丽梅　罗　楠

总　序

读懂"第二个结合"

在庆祝中国共产党成立100周年大会上,习近平总书记首次提出马克思主义基本原理同中国具体实际相结合、同中华优秀传统文化相结合的重大论断。在党的二十大报告中,习近平总书记对"两个结合"进行了深刻阐述:"中华优秀传统文化源远流长、博大精深,是中华文明的智慧结晶,其中蕴含的天下为公、民为邦本、为政以德、革故鼎新、任人唯贤、天人合一、自强不息、厚德载物、讲信修睦、亲仁善邻等,是中国人民在长期生产生活中积累的宇宙观、天下观、社会观、道德观的重要体现,同科学社会主义价值观主张具有高度契合性。"在2023年6月2日召开的文化传承发展座谈会上,习近平总书记再次论及"两个结合",特别对"第二个结合"进行了充分论述,阐明了马克思主义基本原理同中华优秀传统文化相结合的内在机理,即彼此契合、互相成就,揭示了马克思主义基本原理同中华优秀传统文化相结合对于筑牢道路根基、打开创新空间、巩固文化主体性方面具有重大意义。习近平总书记还强调,

"第二个结合"是又一次的思想解放，是中国共产党对马克思主义中国化时代化历史经验的深刻总结，表明了党在传承中华优秀传统文化中推进文化创新的自觉性达到了新高度。

马克思主义基本原理同中华优秀传统文化相结合的根本原因在于二者的契合性

产生于不同社会环境下的两种思想文化，要想达到相互适应、相互融合的和谐统一状态，彼此之间必须具有高度的契合性，这是促使两种文化有机结合进而造就一个新的文化生命体的根本原因。习近平总书记在文化传承发展座谈会上强调："马克思主义和中华优秀传统文化来源不同，但彼此存在高度的契合性。"这种内在契合性可以体现在宇宙观、社会观、价值观、方法论等方面。

其一，宇宙观的契合性。宇宙观，又可以称为世界观，是人们对于客观存在的物质世界到底是什么以及如何认识客观物质世界的总的看法和根本观点。马克思主义世界观主要指对自然界、人类社会以及人与自然关系的整体看法，是指导人们认识和探索宇宙世界的思想指南。在对自然界的认识上，马克思主义强调自然规律的客观性，认为人类来自自然界，与自然界有着天然的和谐关系，即"人本身是自然界的产物，是在自己所处的环境中并且和这个环境一起发展起来的"[①]。在对物质存在方式的认识上，马克思主义认为，要从物质运动的表现形式出发来认识客观世界，指出："一切存在的基

[①]《马克思恩格斯选集》第3卷，人民出版社2012年版，第410页。

本形式是空间和时间,时间以外的存在像空间以外的存在一样,是非常荒诞的事情。"[1] 马克思主义的自然观和时空观作为世界观的重要组成部分,是马克思主义世界观的思想坐标,是考察人类社会发展规律的理论基础,也是从实际出发考察国家现实发展的思想根据。基于此,坚持一切以时间、地点和条件为转移的方法论成为将马克思主义基本原理应用于具体社会实践的逻辑前提,也为能够同中华优秀传统文化相结合提供了内在根据。

中华优秀传统文化的宇宙观,以"天人合一"为思想内涵,以中国人认识世界和改造世界的时空观为逻辑起点,是世界观借以中国语言的特殊表达。关于对自然的看法,中华优秀传统文化崇尚"天人之际,合而为一"的境界,阐述了"天道"和"人道"的相互关系,提出了人们应当恪守的行为准则。具体而言,"天道"即天地之间万事万物运行的客观规律,"人道"即在人类社会中规范人们行为方式的道德准则和精神品质以及人类社会发展运动的客观规律。二者的关系为"天地与我并生,而万物与我为一",即人不仅属于自然界的一部分,其本身还需要通过修身养性以达到与自然界和谐统一的境界。对时空的看法,源于对"宇宙"的考察。"宇宙"一词,可追溯至《庄子·齐物论》:"奚旁日月,挟宇宙?"《经典释文》引《尸子》之言道:"天地四方曰宇,往古来今曰宙。"这表明,"宇宙"作为表述时空的概念,已经为人们所用,其中,"天地四方""往古来今"即是对"时空"的中国话语表达。此外,郭象注《庄子·庚桑楚》提道:"宇者,有四方上下,而四方上下未有

---

[1]《马克思恩格斯文集》第9卷,人民出版社2009年版,第56页。

穷处；宙者，有古今之长，而古今之长无极。"可以看出，中国古人对于"宇宙"的探索已经达到新的境界，即道出了空间存在的现实性、时间交替的继起性以及时间和空间发展的无限性。这些观点都与马克思主义的时空观高度契合，为同马克思主义基本原理相结合准备了思想条件。

其二，社会观的契合性。社会观指的是关于社会中的人类活动、社会发展的动力因素以及社会发展的趋势方向的整体看法。马克思主义社会观从"现实的人"出发，考察人类社会的实践活动，提出人类社会发展的终极目标和最高理想。在科学实践的基础上，马克思主义社会观以人类社会或社会的人类为出发点和立足点，对人类社会发展动力展开考察，认为人民群众的整体诉求和行动轨迹代表社会发展的方向，是推动社会变革发展的决定力量。由此，在推动社会变革发展的具体实践中，要坚持把人民群众放在至高无上的地位，发挥人民群众改造现存社会、追求理想社会的强大力量。关于理想社会，马克思主义提出人类社会的发展趋势为共产主义社会，即每个人的自由全面发展的美好社会。在这个理想社会中，社会生产力高度发展、物质资料极大丰富、旧式分工彻底消除、阶级对立和剥削压迫彻底消亡、生产资料实现公有，社会关系高度和谐，全体社会成员得到自由全面发展。到那时，全人类有着共同的利益基础，社会成为"真正的共同体"，人们真正摆脱了"人的依赖关系"和"物的依赖关系"，真正实现了每个人的"自由发展"。

中华优秀传统文化的社会观，基于"天下观"的基本理念，倡导"以民为本"的重要思想，将"大同"作为社会发展的终极目标，体现了中国人民家国同构的情怀伦理和对美好社会的向往追求。中华优秀传统文化视黎民百姓为国家根本,其中所蕴含的"民为邦本"思想由来已久。《尚书》载:"民惟邦本,本固邦宁。"《孟子·尽心下》提出:"民为贵,社稷次之,君为轻。"《荀子·哀公》提出:"君者舟也,庶人者水也。水则载舟,水则覆舟。"中华优秀传统文化强调对"民"的重视,并将其丰富和拓展成为中华民族宝贵的精神财富,在一定意义上也成为栽培马克思主义"人民至上"观念的思想土壤。关于未来社会构想,《礼记·礼运》提出的"大道之行也,天下为公"以及对大同社会的描绘,道出中华民族对美好社会的千年夙愿。其中,关于大同社会"矜寡孤独废疾者皆有所养""货恶其弃于地也,不必藏于己;力恶其不出于身也,不必为己"等的描述,实际上体现了人们对于物质资料丰富充裕和社会公有制的追求,这也与共产主义的理想追求有着共通之处,增强了中华民族对马克思主义的认同感。"任人唯贤"出自《尚书·咸有一德》,体现的是重视人才,唯贤是举。马克思主义在确认人民群众在社会历史发展中的主体作用的同时,并不否认少数英雄人物起到的关键作用,这与中华优秀传统文化具有契合性。"为政以德"出自《论语·为政》,"为政以德,譬如北辰,居其所而众星共之",讲的是统治者和官员要有道德操守,在重视个人品德、遵守政治规则的同时,尽力施行仁政,体现的是正身爱民的思想。"为政以德"是"民为邦本"思想的延伸和在政治上的表现,与"民为贵,社稷次之,君为轻"是相通的,同马克思主义的群众观点和群众路线也是相通的。"讲信修睦"最早出自《礼记·礼运》,核心含义是人与人之间、国与国之间要讲究信用，谋求和睦，强调信用与和睦，涉及人际关系乃至团体、群体的互相交往层面。"亲仁善邻"出自《左传·隐公六年》，"亲仁善邻，国之宝也"，讲的是国家民族间要和平相处，不以邻为壑，这也与中华文明的和平性相一致。"革故鼎新"源于《周易》的《革卦》与《鼎卦》，后世将其合二为一作为成语，意指改变社会上陈旧的、不合时宜的旧事物、旧制度，革除违背世道人心的不良因素，荡涤阻碍历史潮流的瑕秽污渍，它与马克思主义所讲的社会革命思想观点相契合。总之，中华优秀传统文化的社会观中关于人民主体力量和未来理想社会的思想与马克思主义社会观高度契合，为二者有机结合奠定了观念基础。

其三，价值观的契合性。价值观，是人们对于是非曲直的认知、判断和选择，体现着人们对于某种精神境界的追求和向往。马克思主义价值观，坚持以人的自由全面发展为核心目标和最高价值，以个人与社会的辩证统一为基本原则和实践遵循，旨在为绝大多数人谋利益，追求真正的普遍的共同利益。马克思、恩格斯在阐明"人的本质"和"社会关系"的基础上，提出个人与社会关系。立足于"人的本质在于其社会性"的观点，马克思主义认为，个人是社会的一部分，个人应该承担起推动社会发展的责任，个人离开了社会就无法生存。基于此，马克思主义提出集体主义的价值观念和道德原则，认为个人只有实现其社会价值才能实现其个人价值。此外，马克思、恩格斯还进一步指出，在共产主义社会，个人利益与社会利益高度一致，个人在维护社会利益的同时，社会也在保障个人利益，即"每个人的自由发展是一切人的自由发展的条件"[①]。马克思主义这种基于人的本质立场的集体主义价值观念和核心目标,为其同中华优秀传统文化深度融合开拓了道路。

中华优秀传统文化的价值观,有明显的集体主义情感倾向,强调群体高于个体。在宗法制的影响下,古代中国强调个人要遵循社会秩序和等级分配,通过"克己"达到"复礼",以维护封建统治。具体而言,"仁"的价值观念要求人们与人为善,尊重他人,对他人负责;"义"的价值观念要求人们对他人和社会公共利益作出贡献;"礼"的价值观念要求人们遵循社会礼仪,维护社会秩序和规范。中华文明强调的"自强不息",出自《周易·乾卦·大象传》,"天行健,君子以自强不息",意指一个人要有志向,要奋斗上进。"厚德载物"一词,出自《周易·坤卦·大象传》中的"地势坤,君子以厚德载物",指的是人作为天地之间的个体,应当取法于大地,不以个人得失为意,包容万物和他人。从国家层面来看,中华优秀传统文化提倡"苟利国家生死以,岂因祸福避趋之"的家国情怀和"修身、齐家、治国、平天下"的道德追求,认为只有融入社会、忠君报国才是有高尚品德的"君子"。以上种种都体现了中华优秀传统文化对个人的道德要求和行为准则,是中华优秀传统文化价值观的具体彰显。概言之,无论是马克思主义关于人的社会本质和集体主义价值观的思想,还是中华优秀传统文化所讲的个人要遵循社会秩序的观念,都强调个人价值的实现要以社会价值的实现为前提,都认为个人要对社会和集体付出并作出贡献,这鲜明体现了马克思主义

---

① 《马克思恩格斯文集》第 2 卷,人民出版社 2009 年版,第 53 页。

基本原理同中华优秀传统文化在价值观上的高度契合。

其四，方法论的契合性。方法论，是指导人们认识和改造世界、对人们的思维和行为方式产生影响的系统理论。马克思主义方法论，即唯物辩证法，要求人们不仅要从客观现实出发，通过理性思维来认识客观世界，而且要遵循客观规律，发挥人的主观能动性，通过具体实践去改造客观世界。从马克思主义理论的发展历程来看，这一科学理论生成发展的每一步都与实践紧密相连，它从实践中产生，在实践中发展，又反作用于实践并推动新的实践。从马克思主义哲学的任务要求来看，这一哲学思想特别重视实践的重要作用，强调哲学的任务不仅是要改变人们的思维方式、帮助人们理性认识世界，更是要基于此指导人们改变世界。它阐明了实践是全部社会生活的本质的观念，启发人们在社会实践活动中应用科学理论认识。这不仅为人们提高理性认识提供了方法指南，也为无产阶级进行革命斗争提供了实践工具。更重要的是，这种理论和实践相结合的方法论也为马克思主义中国化准备了思想条件和理论前提。

中华优秀传统文化的方法论，以"行"为核心范畴，通过论述"行"与"知"、"行"与"言"、"行"与"学"等的关系，提出"知行合一""言行合一""学至于行"的观念主张。关于"知行合一"的方法论，王阳明主张"尽天下之学无有不行而可以言学者，则学之始固已即是行矣"，大意是知识、道理和学问需要通过行为实践才能获得，并强调格物致知、知行合一，这实际上与马克思主义"一切从实际出发"是高度契合的。关于"言行合一"的方法论，《论语·宪问》有曰，"君子耻其言而过其行"，提倡人们说话行动要一致，不能纸上谈兵。孔子还提出了考察人的品行的方法论，认为一个人的实际行动是评判其言语和道德的标准，即"听其言而观其行"。这两个观点实际上与马克思主义"实践是检验真理的唯一标准"有相似之处。关于"学至于行"的方法论，《荀子·儒效》讲道，"不闻不若闻之，闻之不若见之，见之不若知之，知之不若行之。学至于行而止矣"，即认为听到、见到和了解到都不如自己去实际行动所收获到的，只有真正行动了，知识和学问才真正实现了其价值。从本质上看，这种"学至于行"的求知方法与"实践是认识的目的和归宿"的方法论有着契合之处。

马克思主义基本原理同中华优秀传统文化相结合实质上是一场深刻的"化学反应"

马克思主义基本原理同中华优秀传统文化二者相互契合才能有机结合。那么，二者结合的实质到底是什么？对此，习近平总书记指出："'结合'不是'拼盘'，不是简单的'物理反应'，而是深刻的'化学反应'，造就了一个有机统一的新的文化生命体。"[1] 这一重要论述深刻揭示了"第二个结合"的实质过程和成果形态，明确指出了二者相遇会产生创造新价值、新思想、新事物的化学反应，同时意味着二者的结合既不是内容的机械拼盘，也不是话语和范畴的简单杂糅，更不是以中华优秀传统文化为主导把马克思主义儒学化，而是经过一次次碰撞、交流、会通而实现螺旋式上升后的有机融合、

---

[1] 习近平：《在文化传承发展座谈会上的讲话》，《求是》2023年第17期。

血肉相连，乃至基因重组，进而生成新的物质。

其一，深刻的"化学反应"创造了新的文化生命体。马克思主义基本原理同中华优秀传统文化相结合所产生的"化学反应"形态集中体现在二者结合的深度与质变特性上，意味着这种"结合"不仅仅是简单的数的相加或物理拼接，而是通过深入融合和相互作用发生了根本性的变化，形成了全新的文化形态，即"新的文化生命体"。这种新的文化生命体作为马克思主义基本原理同中华优秀传统文化相结合的产物，不仅融合了二者精髓，而且在中国式现代化道路中实现了对中华文明的文化再造和生命更新，为新时代中国特色社会主义文化建设和文艺繁荣不断注入生机与活力，也为中国式现代化不断提供精神力量。在这一新的文化生命体中，马克思主义理论始终具有指导地位，不仅提供了科学的世界观和方法论，而且与中国的历史与实践紧密结合，经过长期的适应、调整和创新，形成了符合中国国情的理论体系和实践路径。通过马克思主义真理之光激活中华文明基因，中华优秀传统文化的价值观、思想精华和人文精神经历了现代化的筛选、提炼和再创造，与马克思主义基本原理相融合，共同塑造了新的文化形态，即中国式现代化的文化形态。

从"结合"的过程来看，马克思主义基本原理同中华优秀传统文化的结合，是一个坚持守正创新且具有鲜明实践导向的过程，不仅代表了中华文明内在包容性、开拓性的发展要求，也代表了马克思主义理论的创新要求、实践要求，从而产生了马克思主义在中国具体的历史与文化中生根发芽、开花结果的必然结果。这一结合过程体现出二者双向互动的机制,即马克思主义的精髓不断激活中华优秀传统文化的根脉,使中华优秀传统文化在新的历史进程中实现创造性转化和创新性发展;同时,中华优秀传统文化的精华也不断充实马克思主义的魂脉,为马克思主义的发展提供丰厚土壤和源头活水。正是在强国建设和民族复兴的宏大叙事与实践支撑下,通过对马克思主义中国化时代化内在机理、深层规律以及中华优秀传统文化的突出特性在长期实践和理论积淀中的揭示,马克思主义基本原理同中国国情、中国历史、中国文化深度融合,马克思主义在中国的文化土壤中扎根,马克思主义基本原理同中国国情相结合的深度和广度不断拓展,马克思主义基本原理同中华优秀传统文化的价值目标和价值立场达成辩证统一。在这一过程中,马克思主义的主导地位不断明确,中华优秀传统文化的世界意义和时代价值不断彰显。正是通过马克思主义同中华优秀传统文化相互作用、相互影响、相互塑造的"化学反应",形成了一个新的文化生命体,既体现了中华文明的深厚基础,也展现了马克思主义的科学性和真理性,推动了中国特色社会主义发展和中华民族现代文明建设。

从"结合"的结果来看,马克思主义基本原理同中华优秀传统文化相结合所产生的新的文化生命体的"果",体现出其"化学反应"不是简单元素的相加,而是深层次的、质的转化,最终诞生了全新的文化形态。在这场"化学反应"中,两种文化的相遇并非平行线的简单交错,而是深度的互渗互融。马克思主义的科学理论与中国传统文化的精神精华相互作用,经过长期的相互影响、相互改造,最终形成了既不同于传统文化的纯粹形态,也不同于马克思主义理论的原初形态,而是形成了一种新的、活的、具有中国特色的社会主义文化生命体。这一"化学反应"过程的特征,首先是选择性的融合。如同化学反应中的催化剂,特定的社会历史条件和实践需求促使这一融合过程选择性地吸收两种文化中最有益于中国社会发展的元素,去粗取精,去伪存真。其次是创造性的整合。不仅仅是物理层面的结合,更重要的是在思想深度和文化精神上的整合与创新,从而产生新的价值观念、思想理念和文化形态。最后是动态性的发展。它不是一次性完成的静态过程,而是随着社会实践的深入、时代需求的变化而持续进行的动态过程,这种文化生命体在不断的发展变化中更加成熟、充实、鲜活。因此,作为结合成果的新的文化生命体所体现的"化学反应"形态,正是在马克思主义的科学指导和中华优秀传统文化的精神滋养下,通过选择性融合、创造性整合和持续的动态性发展,形成的具有中国特色的社会主义文化。新的文化生命体不仅丰富了中国社会的文化景观,也为推进社会主义现代化建设、增强民族文化自信和促进人类文明进步提供了重要精神力量。

其二,深刻的"化学反应"开辟出中华民族现代文明建设之路。马克思主义基本原理同中华优秀传统文化相结合催生了新的文化生命体。这一新的文化生命体不仅重新定义了民族的精神面貌,也为中国式现代化奠定了文化根基。通过深刻的"化学反应",马克思主义的科学理论与中华优秀传统文化的人文精神相互作用、相互渗透,共同构筑起中华民族现代文明的坚实基础,开辟出一条融合传统智慧与现代科学的现代文明建设之路。

一是重新定义了中华民族现代文明的精神面貌。马克思主义基本原理同中华优秀传统文化深层次、全方位的相互作用与渗透而形成的全新文化形态，对中华民族现代文明的精神面貌产生了深刻影响。马克思主义的科学理论提供了分析社会发展规律的工具，而中华优秀传统文化则赋予了民族精神深厚底蕴，二者的结合为中华民族现代文明提供了发展进程中所需的精神指引和文化自信。马克思主义关于人的自由和全面发展的观点，与中华优秀传统文化强调的和谐、中庸之道等价值观念的融合，形成了促进个人与社会、人与自然和谐共生的现代文明导向，不仅促进了社会的和谐稳定，也激发了个体的创造力和社会责任感，重新定义了中华民族现代文明的精神面貌，使之更加积极向上、开放包容。马克思主义真理之光激活了中华民族优秀基因，深化了中华民族对于文化根源和未来发展方向的自我认知。通过创造性转化和创新性发展，中华传统文化在马克思主义指导下吸收一切先进思想和理念，不仅巩固了自身深厚的文化底蕴，还形成了面向未来的开放态度和创新精神。这种精神面貌的转变，为中华民族在人类现代化历史进程中巩固文化主体性、加强文化创造性提供了源源不断的思想精华和精神动力。

二是为建设中华民族现代文明指明了前进方向。马克思主义的科学理论为建设中华民族现代文明提供了科学的理论指导，为当代中国的物质文明、精神文明、政治文明、社会文明和生态文明的协同发展指明了方向。马克思主义并不是与中国传统文化割裂的外来理论，而是在同中华优秀传统文化相结合的过程中，不断被赋予中国特色和时代内涵，使其能够更好地适应中国的国情和文化背景，从而更好指导中华民族现代文明的发展。马克思主义的科学理论与中华优秀传统文化的人文精神的结合，不仅丰富了中华民族现代文明的科学内涵，也为中华民族现代文明发展进程中遇到的理论与实践问题提供了独特的解决方案。中华优秀传统文化强调的和谐、中庸之道、重视道德和集体利益等价值观，与马克思主义关于社会公平、人的全面发展的理论相结合，形成了具有中国特色的社会主义价值体系，塑造了中华民族现代文明的价值方向，也为处理社会矛盾、促进社会和谐与进步提供了文化基础。马克思主义基本原理同中华优秀传统文化的结合，使中华民族现代文明实现了发展与创新。在文化层面，促进了传统文化的创造性转化和创新性发展，使中华文化在全球化语境下既保持了自身的独特性，又彰显了自身的开放性和包容性；在制度层面，既吸收了马克思主义的科学原理，又融合了中华优秀传统文化的治国理政智慧，形成了中国特色社会主义制度，有效推进了国家治理体系和治理能力现代化。

三是构筑起中华民族现代文明的坚实基础。马克思主义深刻揭示了人类社会发展的基本规律，为中华民族指明了社会主义现代化的基本方向；而中华优秀传统文化所蕴含的深厚人文精神，特别是关于和谐、中庸、仁爱的价值观念造就了民族道德文化的支撑力量，不仅保证了中华民族现代文明建设的科学性和进步性，也确保了其道德性和人文性，塑造了一种富有现代化张力的文明新形态，使古老的中华民族在明德修身上焕发新风貌。这一深刻"化学反应"也在推动着中华文明从传统文明向现代文明的转变，使中华民族不仅在物质层面实现现代化，更在精神和文化层面完成自我超越和接续发展，推动中华文明实现从以农业文明为主导的传统文明向以工业化、信息化、全球化为特征的现代文明的转变，增强文明自觉与文明自信相统一的历史主动。

其三，深刻的"化学反应"实现了又一次思想解放。在马克思主义基本原理同中华优秀传统文化相结合的深刻的"化学反应"中，二者精髓的融合实现了又一次思想解放的历史性跨越。这一结合深植于中国共产党解放思想的历史进程，体现了对党的理论创新经验的总结和对文化发展规律的洞察，同时展现了马克思主义中国化时代化的生动实践。通过这一结合，中华优秀传统文化得到创造性转化和创新性发展，马克思主义在中国的土壤中焕发出新的活力，为中华民族现代文明建设奠定了坚实的理论和文化基础，推动了中华文化在新时代的自信与自强，为中国式现代化探索提供了正确方向和强大动力。

首先，这场"化学反应"推动了对马克思主义与中华文化关系认识的思想解放。这场"化学反应"强调了马克思主义基本原理同中华优秀传统文化之间高度的契合性，打破了二者不可兼容的错误理解，促进了马克思主义文化理论的不断完善和发展。通过将马克思主义基本原理同中华优秀传统文化相结合，不仅为马克思主义在中国的发展注入了新的活力，也为中华文化的现代转型提供了科学指导和理论支持，这一过程本身就是对旧观念、旧文化的一种超越，体现了新时代中国共产党人的思想解放。在新的历史条件下，对马克思主义基本原理同中华优秀传统文化的结合进行时代化的阐释，形成了一系列关于社会主义文化建设的新的理论观点和实践成果，

读懂自强不息

其精华就是习近平文化思想。这不仅为中华民族现代文明建设提供了根本遵循，也实现了思想理论的守正创新，有效推动了中国特色社会主义文化事业的发展。

其次，这场"化学反应"推动了对中国与马克思主义关系认识的思想解放。长期以来，在对中国与马克思主义关系问题的认识上，一部分人片面强调马克思主义科学理论对中国发展的深刻影响，但对中国之于马克思主义理论体系的发展贡献闭口不提。充分肯定马克思主义深刻改变了中国的认识当然是正确的，但停留于这样的认知是不全面的，因为这只看到了问题的一个方面。而"第二个结合"的提出，则使我们认识到马克思主义和中国是互相成就的关系，不仅马克思主义深刻改变了中国，中国也极大丰富和发展了马克思主义，这样的认识才更加全面。马克思主义基本原理同中国具体实际相结合侧重于理论与实践、主观与客观、应用与被应用的关系问题，这一结合做得再好，就其本质而言，也只能体现对马克思主义科学理论的深刻理解和有效运用，无法真正让马克思主义成为中国的。如果说这种结合语境下的"中国"具有明显的受动特质，那么"第二个结合"中的"中国"则表现出强烈的主体能动性。"第二个结合"触及古与今、中与西之间的交流互鉴和融合发展问题。正是通过深刻的"化学反应"，中华优秀传统文化得以进入马克思主义谱系之中，使马克思主义从中华文化沃土中获得丰厚滋养，使身为"舶来品"的先进理论真正内化为中华民族现代文明的有机组成部分，让马克思主义成为中国的。

再次，这场"化学反应"推动了对传统与现代关系认识的思想解放。对于传统文化，过去由于多种因素，有的人往往坚持着这样一种形而上学的偏见：将传统与现代文明机械地对立起来，一提到"传统"就认为是落后的、过时的、陈腐的，而"现代"就是进步的、发展的、时髦的，由此呼吁建设现代文明就必须彻底抛弃传统。事实上，传统与现代之间并非简单的对立或断裂关系，而是有着更为复杂的内在联系，呈现出相互兼容、相互作用的鲜明特征。"第二个结合"在厘清传统与现代关系层面实现了思想解放，凸显了中华优秀传统文化在现代化进程中的地位和价值，要求从连续性和整体性维度考察由传统中国到现代中国的发展演进过程，将中国视为一个连续发展的有机整体。传统与现代是相互影响、相互交融、相互塑造的，中国式现代化强调赓续而非消灭古老文明，是文明更新的结果，而不是文明断裂的产物。"第二个结合"强调以文化底蕴筑牢道路根基，让新时代的道路建设实践有了更为宏阔深远的历史纵深。中国式现代化与中华文明是相互影响、协同推进的，前者赋予后者以现代力量，后者赋予前者以深厚底蕴。

马克思主义基本原理同中华优秀传统文化相结合巩固了文化主体性

马克思主义基本原理同中华优秀传统文化相结合最根本的价值体现在什么地方？对此，习近平总书记在文化传承发展座谈会上指出，"第二个结合"巩固了文化主体性。何为文化主体性？这里的主体性，特指某一主体在文化活动中的重要地位。毫无疑问，这里的

读懂自强不息

主体当然是指中国。因此，文化主体性实质上是指"在文化层面上彰显当代中国作为主体的特殊性质"[1]，是指中国共产党和中国人民对自身文化发展的高度主动权。习近平总书记强调："有了文化主体性，就有了文化意义上坚定的自我。"[2] 拥有坚定的自我，更是凸显了中国这个主体在文化活动中的自主性和主动性。"第二个结合"巩固了文化主体性，具体体现为增强了文化自觉、坚定了文化自信、提升了文化自立、推进了文化自强。

其一，增强了文化自觉。何为文化自觉？一般认为，"文化自觉"一词最早由费孝通提出。费孝通认为，文化自觉是指"生活在一定文化中的人对其文化有'自知之明'，明白它的来历，形成过程，所具的特色和它发展的趋向"[3]。他进一步分析，这种文化自觉并不是要复古，也不是要全盘西化，而是为了加强文化转型和文化选择中的主动性以及主动地位。从这一角度来看，"第二个结合"正是如此。它深刻总结文化发展的历史规律，提出文化传承发展的方法，强调守正不守旧、尊古不复古，坚持古为今用、洋为中用，大大增强了中华民族的文化自觉。首先，"第二个结合"是文化传承发展的重要途径和方法。中华优秀传统文化源远流长、博大精深，是中华文化的根脉。但其归根到底是古代小农经济的产物，要使其跟上时代步伐，在当代继续发挥巨大作用，就必须在马克思

---

[1] 刘同舫：《"第二个结合"与文化主体性的巩固》，《思想理论教育》2024年第1期。

[2] 习近平：《在文化传承发展座谈会上的讲话》，《求是》2023年第17期。

[3] 费孝通：《反思·对话·文化自觉》，《北京大学学报（哲学社会科学版）》1997年第3期。

主义这个魂脉的指导下,实现创造性转化和创新性发展。二者互相作用,互相成就,造就一个新的文化生命体,实现中华文化的新生。其次,"第二个结合"是对文化建设的规律性总结与认识。"第二个结合"不仅是理论逻辑上的必然结论,还是在对近代以来中国文化发展历史进行深刻总结的基础上得出的规律性认识。鸦片战争以后,中国逐步沦为半殖民地半封建社会。面对西方在文化领域的进攻,建立在小农经济基础之上的中国传统文化,在西方先进的资本主义文化面前败下阵来。中国人苦苦寻找文化发展的出路,直到马克思主义传入中国,才逐渐掌握了文化发展的主动权,在精神上由被动转为主动。中国共产党深刻认识到,马克思主义在中国的传播和发展,必须经由一定的民族形式才能够实现,必须同中华优秀传统文化相结合。正是因为坚持"第二个结合",中国共产党领导人民创造了革命文化和社会主义先进文化,真正推动了中华文化在当代中国的大发展大繁荣。再次,"第二个结合"实现了马克思主义中国化时代化新的飞跃。党的十八大以来,以习近平同志为主要代表的中国共产党人坚持"第二个结合",立足新时代中国实际,充分汲取中华优秀传统文化中的精华养分,创立了习近平新时代中国特色社会主义思想。从其科学的世界观和方法论,到治国理政的智慧和布局,习近平新时代中国特色社会主义思想闪耀着"第二个结合"的光辉,是中华文化和中国精神的时代精华,实现了马克思主义中国化时代化新的飞跃。

其二,坚定了文化自信。何为文化自信?顾名思义,文化自信就是对自身文化的价值有着高度的认识和肯定,以及对自身文化发展的坚定信心。文化自信是一个国家、一个民族立得住、站得稳、行得远的最大底气。一个民族的文化自信，往往需要经历长期的历史过程，需要经历岁月的反复淘洗和沉淀，需要对自身文化成果有着深刻的总结和继承，还需要对本民族优秀传统文化怀有足够礼敬。"第二个结合"的提出，标志着党的文化自信达到了新的高度。"第二个结合"指出文化自信的重要来源、突出内容和提升路径，大大坚定了中华民族的文化自信。首先，"第二个结合"指出了文化自信的重要来源。习近平总书记指出："中华优秀传统文化是中华文明的智慧结晶和精华所在，是中华民族的根和魂，是我们在世界文化激荡中站稳脚跟的根基。"[1] "第二个结合"充分肯定了中华优秀传统文化的重要作用，指出中华优秀传统文化是我们民族的自信之基、力量之源，是中华文明数千年来生生不息的精神力量，是中华民族历经千难万险依然屹立于世界民族之林的精神支柱。其次，"第二个结合"指出了文化自信的突出内容。中华优秀传统文化中丰富的哲学智慧、历史经验、人生价值、治国理念，是中华文明特有的精神标识，充分体现了中华民族自强不息的奋斗精神和饱含智慧的无穷创造力。再次，"第二个结合"揭示了文化自信的提升路径。要立足中华民族伟大历史实践和当代实践，坚持用中国道理总结好中国经验，加快构建中国特色哲学社会科学；坚持把中国经验提升为中国理论，不断推进马克思主义中国化时代化；坚持用中国理论回答好中国问题，为新时代中国特色社会主义伟大实践提供科

---

[1] 《习近平关于社会主义精神文明建设论述摘编》，中央文献出版社2022年版，第236页。

学理论指导。

其三，提升了文化自立。何为文化自立？立，就是要立足和扎根中国大地。文化自立就是强调作为文化主体的中国共产党和中国人民，以中国的优秀传统文化为滋养，以中国的社会实践为根据，排除外来因素的侵蚀和干扰，独立自主发展自己的先进文化。"第二个结合"坚持马克思主义指导，坚持从中国实际出发，充分运用中国传统智慧和文化资源，推动新时代文化发展，帮助我们党牢牢巩固文化领导权，大大提升了中华民族的文化自立。首先，"第二个结合"巩固了马克思主义在意识形态领域中的指导地位。马克思主义是我们立党立国、兴党兴国的根本指导思想，但是马克思主义不是一成不变的教条，它必须随着时代的发展而发展，才能始终保持旺盛生命力；必须结合当地的历史文化条件，才能更好地在本土扎根、传播，保证其作为指导思想的重要地位。"第二个结合"坚持守正创新，用中华优秀传统文化充盈、丰富了马克思主义，推动了马克思主义中国化时代化，使其更能符合中国实际，更能为中国人民所接受、领悟和掌握。这在根本上巩固了马克思主义在意识形态领域的指导地位。其次，"第二个结合"加强了中国共产党和中国人民作为文化主体的实践主动性。党的十八大以来，以习近平同志为核心的党中央科学总结中华文化发展历程，深刻洞悉中华文化发展大势，作出一系列关于文化建设的重要论述，并团结带领全国人民加以实践：强调必须坚持自信自立，中国的问题要立足中国实际，由中国人民自己来回答；强调必须加快构建中国特色哲学社会科学，必须体现继承性、民族性，充分利用好中华优秀传统文化

读懂自强不息

资源,在吸收升华的基础上,使民族性更符合当代中国实际和人类发展要求;强调中国式现代化是赓续古老文明的现代化,而不是消灭古老文明的现代化,是从中华大地长出来的现代化,不是照搬照抄其他国家的现代化;等等。再次,"第二个结合"抵御了各类错误思潮的侵扰。习近平总书记指出:"我们的同志一定要增强阵地意识。宣传思想阵地,我们不去占领,人家就会去占领。"① 面对各式各样的社会思潮、相互碰撞的价值理念、激烈变化的传播态势,"第二个结合"为我们坚持正确的文化建设方向,抵御各类错误思潮的侵扰提供了强大的思想武器:反对任何形式的文化复古主义,坚持推陈出新、革故鼎新;反对文化全盘西化论,正确对待西方文化,吸收人类文明一切有益成果,为我所用;反对西方在意识形态领域的和平演变,坚守社会主义文化建设的正确方向,增强中华文化在国际上的影响力。

其四,推进了文化自强。何为文化自强?进入新时代,中国人民迎来了从站起来、富起来到强起来的伟大飞跃。要真正实现强起来,不仅在物质层面要强,在精神层面也要强。文化自强,就是指中华民族依靠自己的努力,使自身在精神文化领域强起来。"第二个结合"是我们党对中华文明发展规律的深刻把握,为我们提供了一条在精神层面实现强起来的正确路径,为我们担负起新的文化使命指明了正确方向,大大推进了中华民族的文化自强。首先,"第二个结合"对推动文化繁荣有重要意义。勤劳勇敢的中国人民创造

---

① 《习近平关于社会主义精神文明建设论述摘编》,中央文献出版社2022年版,第67页。

了灿烂辉煌的中华文化，开创了文化繁荣的美好景象。中华优秀传统文化滋养了一代代中国人，塑造了中国人的精神气质，满足了中国人的精神需求。如今，在新时代推进文化发展繁荣，中华优秀传统文化依然存在巨大价值。"第二个结合"将中华优秀传统文化的巨大价值充分彰显和发挥出来，使之与现代社会相适应，与社会主义核心价值观相协调，与当今时代发展与人民需求相符合，为社会主义文化大发展大繁荣提供源源不绝的养分。其次，"第二个结合"对建设文化强国有重要意义。习近平总书记指出，要"推动中华优秀传统文化创造性转化、创新性发展，继承革命文化，发展社会主义先进文化，不断铸就中华文化新辉煌，建设社会主义文化强国"[1]。国家的强盛，既要看经济军事等硬实力，也要看文化软实力。建设社会主义文化强国，是全面建设社会主义现代化国家的题中应有之义，而"第二个结合"是建设社会主义文化强国的重要途径。中华优秀传统文化中刚健有为、自强不息的精神气质激励着一代代中国人面对困境百折不挠，是刻在中国人骨子里的文化基因。今天，面对艰巨繁重的建设任务，中华优秀传统文化依然是中国人迎难而上的动力之源，"第二个结合"为建设文化强国提供了坚实的历史文化基础。再次，"第二个结合"对建设中华民族现代文明有重要意义。习近平总书记指出："中华优秀传统文化是中华文明的智慧结晶和精华所在，是中华民族的根和魂，是我们在世界文化激荡

---

[1] 《习近平关于社会主义精神文明建设论述摘编》，中央文献出版社2022年版，第30页。

读懂自强不息

中站稳脚跟的根基。"[1] 建设中华民族现代文明，是推进中国式现代化的必然要求。中国式现代化是赓续古老文明的现代化，而不是消灭古老文明的现代化。要赓续古老文明，就必须使中华文明从适应自然经济的传统状态转变为适应工业社会的现代状态。"第二个结合"打通了中华优秀传统文化与现代文明相适应的关键渠道，使传统的成为现代的，更好地构筑起中国精神、中国价值、中国力量。

文化兴则国运兴，文化强则民族强。当今世界正经历百年未有之大变局，"源浚者流长，根深者叶茂"。站在历史的交汇点，在全面建成社会主义现代化强国、实现第二个百年奋斗目标的新征程上，我们应充分认识中华优秀传统文化的重要价值，坚定文化自信、历史自信，大力推进中华优秀传统文化的研究与传承。要坚持马克思主义理论的科学指导，透过表象看历史，深入挖掘中华优秀传统文化的精神标识和文化精髓，把马克思主义基本原理同中华优秀传统文化精髓融会贯通，进行创造性转化和创新性发展，赓续中华文脉，谱写当代华章。要深刻把握中华优秀传统文化的当代价值，充分发挥中华优秀传统文化的引领作用，把马克思主义基本原理同中国具体实际、同中华优秀传统文化相结合，坚定不移推进马克思主义中国化时代化，在守正中创新，在传承中发展，讲好"第二个结合"故事，更好推进中华民族现代文明的发展。

在中华人民共和国成立 75 周年、中山大学成立 100 周年之际，中山大学中共党史党建研究院组织专家学者撰写的理解和推进"第

---

[1] 《习近平关于社会主义精神文明建设论述摘编》，中央文献出版社 2022 年版，第 236 页。

二个结合"丛书的出版,具有重要的政治意义和纪念意义。同时,这套丛书是国家社科基金重大招标项目《以"两个结合"继续推进马克思主义中国化时代化研究》(项目编号:23ZDA006)阶段性成果,具有一定的学术意义。

希望这套丛书在深化对党的二十大精神、文化传承发展座谈会精神和习近平文化思想研究阐释方面立新功,在深化对"第二个结合"研究方面谋新篇,在推动讲好中华优秀传统文化故事、中国共产党故事等方面探新路。

是为序。

张 浩

中山大学中共党史党建研究院执行院长

目 录

第一章 / 001
自强不息的历史根脉和思想演变

第一节　古代中国自强不息思想的演变历程……………………005

第二节　近代中国关于自强不息的思想与实践……………………013

第三节　自强不息的思想精髓………………………………………020

第二章 / 027
马克思主义的价值理想与自强不息的契合性

第一节　"自强"与人的主体性……………………………………030

第二节　"不息"与事物的发展变化规律…………………………039

第三节　自强不息的运行逻辑………………………………………042

第四节 马克思主义的人类解放理论与自强不息的价值旨归
相契合 ………………………………………………………… 048

第三章 / 063
中国共产党对自强不息的实践探索

第一节 新民主主义革命时期对自强不息的实践探索 …………… 070

第二节 社会主义革命和建设时期对自强不息的实践探索 ……… 094

第三节 改革开放和社会主义现代化建设新时期对自强不息的
实践探索 ……………………………………………………… 110

第四章 / 125
自强不息在中国特色社会主义新时代的生动实践

第一节 经济建设：科技创新驱动高质量发展 …………………… 129

第二节 政治建设：反腐败斗争取得压倒性胜利 ………………… 143

第三节 文化建设：全党全国各族人民文化自信显著增强 ……… 157

第四节 社会建设：打赢脱贫攻坚战 ……………………………… 175

第五节 生态文明建设：绿水青山就是金山银山 ………………… 186

01

第一章

自强不息的历史根脉和思想演变

第一章
自强不息的历史根脉和思想演变

2014年5月4日,习近平总书记在北京大学师生座谈会上指出:

中华文明绵延数千年,有其独特的价值体系。中华优秀传统文化已经成为中华民族的基因,植根在中国人内心,潜移默化影响着中国人的思想方式和行为方式。①

在源远流长、博大精深的中华优秀传统文化中,自强不息浸润着中国人的精神世界,深刻影响了中华民族的思想品格,成为战胜前进道路上一切艰难险阻的力量源泉。

"自强不息"出自《周易·乾卦·大象传》,"天行健,君子以自强不息。""自"指生命本性;"强"指强大;"息"由"自"和"心"组成,在甲骨文中,"自"是鼻子,"心"是胸膛,"息"即是气从鼻入肺再呼出,有呼吸之意,活着的人的呼吸是永不停息的,因此后来演变为"停息";"不息"即永不停息。"天行健,君子以自强不息",大意是天道运行不息,四时交替,昼夜更迭,岁岁年年,无休无止,君子应效法天道,自立自强,永不懈怠。

"天行健,君子以自强不息",《周易·乾卦·大象传》用"以"字联结"天行健"与"自强不息",这在一定程度上是贯通天人的体

---
① 《习近平著作选读》第1卷,人民出版社2023年版,第241页。

现。天道永远处于周流不息、运转生化的过程中，因此君子也应该效法天道的刚健品格，奋发拼搏，积极进取，使有限的生命永不懈怠，获得永恒价值。① 也就是说，"自强不息"实际上蕴含了两个层次的内容，首先，强调人应当"自强"，即刚健有为，积极进取；其次，追求"不息"，要求人们在进取的过程中时刻激励自己永不懈怠，不断推陈出新。②

除《周易·乾卦·大象传》外，《周易·大畜卦·象传》亦言："大畜，刚健笃实辉光，日新其德。"《周易·系辞上传》讲道："富有之谓大业，日新之谓盛德。"均是对这种积极人生观和世界观的表达。从《周易·乾卦·大象传》来看，"自强不息"最初是以天道来比喻人道，推明人事，要求君子效法天道，强健有为，体现了《周易》天人合一的思想基调。这种个体自身的强健有为、持之以恒，符合仁人志士实现自我生命价值的期许，在此后千百年中得到人们的传承和颂扬，并随着时代的发展，注入了躬身实践和经世致用的内涵。

自强不息思想的发展主要体现在以下三方面：一是在主体上，从个体拓展到集体，从集体拓展到国家和民族；二是在适用领域上，从私人领域拓展到公共领域；三是在对象上，从认识层面拓展到实践层面，既包含对个体人格的追求，也包括集体精神的赓续和治国

---

① 张涛：《〈周易〉"自强不息"的历代诠释》，《西北大学学报（哲学社会科学版）》2021年第1期。
② 张涛：《〈周易〉"自强不息"的历代诠释》，《西北大学学报（哲学社会科学版）》2021年第1期。

理政的创新，不仅成为无数仁人志士恪守的精神信条，而且内化于中华民族精神血脉之中。天道之"健"、人道之"强"，在中华文明史上代代传承。

第一节　古代中国自强不息思想的演变历程

一、儒家的自强不息思想

作为中华优秀传统文化的代表，儒家思想中蕴含着丰富的自强不息精神，塑造了中华民族积极有为的品格。"天行健，君子以自强不息。地势坤，君子以厚德载物。"前者形容天的刚劲强健，以"自强不息"为"天"的德行；后者形容地的包容万物，以"厚德载物"为"地"的德行。虽然以天道与地道起笔，但其最终落脚点是人道，《周易》所探讨的便是"天道""地道""人道"的根本性问题。"天道"与"地道"从根本上是作为"人道"的依据而提出来的，"人道"实际上成为"天道"与"地道"的中心和主轴，"天道"与"地道"从属并服务于"人道"。"人"作为与"天""地"并列的"三才"，按照《周易》的观点，其所应贯彻的"人道"就是取法天地之道，秉承天地之德，既要积极进取，又要胸怀博大，只有这样，"人"才能成为真正的人，才能成为顶天立地、与天地参的君子。这种取法天地之道的自强不息的进取精神和包容万物的博大胸怀，塑造了儒家学说的思想要旨和中华民族的精神品格。儒家思想集中体现在积极入世上，因此在中华传统优秀文化中，儒家思想与自强不息精神更具亲缘性，认为一个人要实现人生价值，就必须积极进取、发愤图强，孜孜不倦、顽强奋斗。

孔子在论说"仁"的理念时，指出"刚、毅、木、讷，近仁"，这与《周易》所体现的天道之"健"、人道之"强"相契合。在治学方面，孔子提倡"学而不厌，诲人不倦"，并以"发愤忘食，乐以忘忧，不知老之将至"阐明志趣之所在，强调治学不仅在于发愤进取，还应持之以恒，不可倦怠。儒家学派一直秉持着自强不息的精神品格。《中庸》有言："国有道，不变塞焉，强哉矫！国无道，至死不变，强哉矫！"大意是，不论国家怎样，君子都应秉持初心、至死不渝，这才称得上是真正的强者。孟子主张，人无论在何种处境下，都不应失去本心。在《生于忧患，死于安乐》一文中，孟子以舜、傅说、胶鬲、管仲、孙叔敖、百里奚为例，称赞他们面对逆境能够"动心忍性"。荀子主张："笃志而体，君子也。"即有坚定的意志，为事业而不懈奋斗的人，才能称为君子。

二、道家、墨家、法家、兵家的自强不息思想

春秋战国时期，除儒家外，诸子百家也都从不同角度诠释君子人格规范与自强不息的内在联系。老子认为"强行者有志"，即一

个有所成就的人,一定是有恒心、有毅力,不半途而废、中道而止;庄子虽以法天贵真、豁达逍遥见称,但亦有"图南"之志。墨家主张"君子力事日强,愿欲日逾,设壮日盛",告诫人们锐意进取则能"日强",安于嗜欲则会日渐苟且。法家强调事功进取,认为"君以其言授其事,事以责其功。功当其事,事当其言,则赏;功不当其事,事不当其言,则诛",即君王要以各种手段激励臣下,从而实现长治久安。兵家认为,军事力量的强弱是决定战争胜败的关键因素,《孙子·九地》有曰:"投之亡地然后存,陷之死地然后生。"也就是说,在必要的情况下,将领应该果断决策,激励官兵冲锋陷阵,激发他们不怕牺牲的勇气和敢于胜利的决心。

以上论述无不体现出各家思想流派对个体坚忍不拔、迎难而上思想品格的追求,这意味着诸子百家从敬重天命到关注人事的历史转变,凸显了西周以来人文精神的悦动。

三、封建帝制时代自强不息思想的演变历程

秦始皇统一六国后,为了加强思想控制,下令焚烧天下"无用"之书。在此过程中,保留了《周易》。这一方面是由于《周易》具有卜筮之书的性质,另一方面是其思想内涵与秦始皇的政治性格颇为契合,有助于治国理政。贾谊《过秦论》提及秦始皇"奋六世之余烈,振长策而御宇内",体现了秦始皇奋励威猛、建立功业的开拓精神。史载,当时"天下之事无小大,皆决于上。上至以衡石量书,

读懂自强不息

日夜有呈,不中呈不得休息",体现了秦始皇事必躬亲、不敢懈怠。这些均与自强不息精神相契合。

时至汉代,汉武帝重用董仲舒,罢黜百家,独尊儒术,使儒学成为正统官学。此时的儒学呈现出全新的面貌,阴阳、五行等思想受到重视,"天人感应"学说大行其道。受其影响,易学的象数色彩逐渐凸显,自强不息开始与天人感应相结合。① 东汉名臣黄琼在劝谏汉顺帝行籍田礼时便以此说理:

> 自癸巳以来,仍西北风,甘泽不集,寒凉尚结。迎春东郊,既不躬亲,先农之礼,所宜自勉,以逆和气,以致时风。《易》曰:君子自强不息。斯其道也。

劝谏顺帝行籍田礼,以人事顺应天时,从而消除气候异常造成的不利影响。张衡撰《思玄赋》,提及自己在遭遇困境时曾犹豫不决,后来通过占卜得到"勔自强而不息兮,蹈玉阶之峣峥"的启示。东汉末年的虞翻对"自强不息"作了注解:"'君子'谓三,乾健故'强'。天一日一夜过周一度,故'自强不息'。""三"指"三才"中的人道,"天一日一夜过周一度"是时人对天象的一种认识,将一年分为"周天三百六十五度四分度之一",太阳"日行一度"即为一天。虞翻的注解以天人关系为视角,认为君子应当效法天道,刚健

---

① 张涛:《〈周易〉"自强不息"的历代诠释》,《西北大学学报(哲学社会科学版)》2021年第1期。

第一章
自强不息的历史根脉和思想演变

不息,正如太阳运动不息,如此才能体现天道之乾健。

魏晋南北朝时期,割据政权林立,政局动荡不安,但同时造就了思想文化上的开放与多元,文人对于自强不息的诠释也呈现出从宏大叙事到微观个体的转变趋势。刘孝标撰《辩命论》:

> 且于公高门以待封,严母扫墓以望丧。此君子所以自强不息也。如使仁而无报,奚为修善立名乎?

鼓励人们在道德修养方面自强不息,行仁义之事,从而获得善报。潘岳在赴任长安令途中作赋明志,其中便以"励疲钝以临朝,勖自强而不息"自勉,将自强不息与勤政联系在一起。易学家干宝同样以圣贤勤勉的事迹来解释自强不息:

> 凡勉强以进德,不必须在位也。故尧舜一日万机,文王日昃不暇食,仲尼终夜不寝,颜子欲罢不能。自此以下,莫敢淫心舍力,故曰"自强不息"矣。

此外,时人在论述具体人物事迹时,亦体现了自强不息与勤奋态度之间的关系,如《世说新语·政事》记述东晋名臣陶侃为官"勤于事",刘孝标注引《晋阳秋》谓陶侃"勤而整,自强不息"。由此可见,自强不息已经逐渐被赋予了经文之外的现实人生方面的实践意义,这也是对自强不息精神内涵的进一步拓展和丰富。

唐代是儒、道、佛三教合流的重要时期。唐末，杜光庭融会儒道，推崇唐玄宗的《御注道德经》，并对其进行注解，在解释"道大，天大，地大，王亦大"时，化用"自强不息"在天道层面的精神内涵，指出"天之清也，积气于上，体乎纯阳，运动不息，刚健而文明，故次于道也"。在当时的佛教经典中，屡见以"自强不息"来阐释勤修佛法之事，如澄观法师在《华严经疏钞》中以"自强不息"解释"希有勇健"。此时期，自强不息不断被赋予新的时代特征和现实意义，同时从一个侧面反映了三教合一的深化与发展。

陈寅恪认为，华夏民族之文化，历数千载之演进，造极于赵宋之世。宋代文人对自强不息的理解表现出众流奔腾之态势。欧阳修有曰："其传久矣，而世无疑焉，吾独疑之也。"认为圣人取乾象为天，"而嫌其执于象也，则又以人事言之"，展现出其重人事的学术倾向。北宋中后期，随着冗官、冗兵、冗费的弊病逐渐暴露，士大夫除弊革新的诉求愈加强烈，处于政治旋涡中心的政治家在思想层面亦展现出注重人事的倾向。例如，王安石说"君子之道，始于自强不息"，苏轼亦曰"君子庄敬日强"。二人虽然政见不同，但就思想倾向而言，都谋求政治上的革故鼎新，并重视人事。程颢、程颐开创的理学对自强不息也有诠释。程颐说："乾道覆育之象至大，非圣人莫能体，欲人皆可取法也，故取其行健而已，至健固足以见天道也。君子以自强不息，法天行之健也。"虽然程颐此处亦讲天道运行，但与汉唐以来偏向自然法则的天道并不相同，在他看来，天道"覆育"万物体现出生物之"德"，君子修德应当终日乾乾、自强

第一章
自强不息的历史根脉和思想演变

不息。及至南宋，朱熹结合程颐之学，在《周易本义》中讲道："但言天行，则见其一日一周，而明日又一周，若重复之象，非至健不能也。君子法之，不以人欲害其天德之刚，则自强而不息矣。"朱熹将天道运行不息视为"天德之刚"，将"自强不息"上升到了不能被"人欲"所影响的"天理"层面。①

至明代，来知德承袭朱熹之说，并作了进一步阐发：

> 自强者，一念一事莫非天德之刚也。息者，间以人欲也。天理周流，人欲退听，故自强不息。若少有一毫阴柔之私以间之，则息矣。强与息反，如公与私反。自强不息，犹云"至公无私"。

来知德认为，"自强"之刚体现了天理周流不息、至大至公，如果有一丝人欲掺杂其间，就无法做到"不息"，而人欲中的自私自利就会凸显，这就将自强不息与至公无私、公而忘私联系在了一起。

明清之际，王夫之把自强不息看作一种修身的态度，认为"君子以此至刚不柔之道，自克己私，尽体天理，发愤忘食，乐以忘忧，不知老之将至，而造圣德之纯也"。同时，他强调"自强"与"强人"之间应该有所区分，指出："强者之强，强人者也。君子之强，自强者也。强人则竞，自强则纯。"也就是说，强人是与人争强，通过别人

---

① 张涛：《〈周易〉"自强不息"的历代诠释》，《西北大学学报（哲学社会科学版）》2021年第1期。

的弱小来反衬自己的强大,而这并不是"自强"。"自强"是指无须与人争,无须以他人之弱来反衬自己之强。这也从一个侧面反映出船山之学所提倡的经世致用。乾嘉之际,惠栋以《中庸》"子路问强"章释"自强不息",在《周易述》中自注曰:"'子路问强。子曰:南方之强与?北方之强与?抑而强与?'而强即自强也。易备三才,至诚无息,所以参天地与。"自疏云:"引中庸者,证自强之合于中和也。子路问强,夫子反诘之曰:抑而强与?而,女也。因告之曰:故君子和而不流,强哉矫!中立而不倚,强哉矫!是强有中和之义。君子法天之健,合于中和,即至诚之无息也。故又取三才之说以申之。"基于此,惠栋引而伸之,为"自强"赋予了"中和"之意。此后,这种强调《周易》与《中庸》密切关系的学术思想得到进一步发展,为自强不息注入新的内涵。

第二节　近代中国关于自强不息的思想与实践

1840年鸦片战争以后，由于西方列强入侵和封建统治腐败，中国逐步沦为半殖民地半封建社会，国家蒙辱、人民蒙难、文明蒙尘，中华民族遭受了前所未有的劫难。为了挽救民族危亡，中国人民奋起反抗，仁人志士奔走呐喊，进行了可歌可泣的斗争。太平天国运动、洋务运动、戊戌变法、义和团运动、辛亥革命接连而起，农民阶级、地主阶级、资产阶级改良派和革命派等的各种救国方案轮番出台……英雄的中国人民在救亡图存的道路上一次次抗争、一次次求索，展现了不畏强暴、自强不息的顽强意志。

一、农民阶级对自强不息思想的诠释

洪秀全领导的太平天国运动是中国历史上规模最大的农民起义。作为传统社会的大多数，中国的农民阶级处在社会的最底层，一家一户、自给自足，生产生活方式十分简单和脆弱。在人给家足的承平时期，这些默无声息的农民似乎毫无力量，甚至被统治阶级称为草民。但是，统治阶级的横征暴敛和阶级压迫一旦使他们难以为继，他们就会揭竿而起，并有效组织起来，爆发出任何势力都难以阻挡的惊天力量，深刻影响着历史发展的进程和方向。

1850年末至1851年初，洪秀全等人领导金田起义，拉开了19世纪中叶一场声势浩大的反清运动。1853年3月，太平军攻克南京，将南京改称天京，并定都于此。1864年7月，天京陷落，洪秀全之子幼天王洪天贵福被俘。1872年，最后一支打着太平天国旗号作战的太平军部队——翼王石达开余部李文彩在贵州败亡。

在长达十数年间，太平军席卷了广西、湖南、湖北、江西、安徽、江苏等广大地区，所到之处，官僚、豪绅、地主四散逃窜，衙门、粮册、田契、借券被付之一炬，封建统治秩序荡然无存。此外，太平天国于1853年颁布《天朝田亩制度》，主张"凡天下田，天下人同耕"，否定地主土地所有制和封建剥削，试图建立"有田同耕、有饭同食、有衣同穿、有钱同使、无处不均匀、无处不饱暖"的理想社会。

由于太平天国拒绝承认《南京条约》，明确宣布禁绝鸦片贸易，使西方侵略者转而帮助清王朝，太平天国运动在中外反动势力联合扼杀下惨遭失败。农民阶级试图通过自身努力消灭封建剥削、取得民族独立的探索，因农民阶级的局限性，加之缺乏适应时代需求的指导思想而宣告失败，但它有力打击了封建统治阶级和外国侵略势力，撼动了清政府统治根基。

二、洋务派的自强不息思想

道咸以后，清朝统治开始出现内外交困的局面，于内民怨沸腾，于外列强环伺。为拯救清王朝，维护地主阶级统治，一些地主阶级中的先进分子掀起了洋务运动。地主阶级洋务派较早提出"自强""求富"的口号，主张积极进取，通过师夷长技，实现国家富强、民族振兴。洋务派主要代表奕䜣曾明确提出"治国之道，在乎自强"，"探源之策，在于自强，自强之术，必先练兵"。曾国藩指出，中国"欲求自强之道，总以修政事、求贤才为急务，以学作炸炮、学造轮舟等具为下手工夫。但使彼之所长，我皆有之"。李鸿章也说："中国欲自强，则莫如学习外国利器。"凡此种种，都可以看作从经世致用角度对自强不息的解读。

以奕䜣、曾国藩、李鸿章、张之洞等为代表的洋务派主张兴办近代工业，建立新式海陆军，创办新式学堂，派遣留学生，"师夷长技以制夷"，通过"中学为体，西学为用"，试图挽救清政府的统治危机。虽然经过30多年的努力，建立起一些近代企业，培养了一批优秀人才，在一定程度上推动了中国近代工业和民族资本主义的发展，但由于洋务运动并未触及封建统治的核心，加之西方资本主义的阻挠，以失败而告终。

三、资产阶级维新派的自强不息思想

洋务运动失败后,知识分子们开始认识到,单纯进行经济改革不足以让中国摆脱所面临的民族危机,还必须进行制度、思想等方面的变革。以康有为、梁启超为代表的资产阶级维新派在"公车上书"后登上历史舞台。在注解《中庸》"子路问强"章时,康有为就曾引述《周易》"自强不息"之语:

> 易曰"天行健,君子以自强不息。"……若隐居求志,行义达道;穷达一辙,不以曲学阿世;遭乱际变,守节奉义;生死一致,不以患难易操。凡四者,皆大勇也,非血气所能。孔子体之以教子路,为中庸之强。

一方面,"遭乱际变,守节奉义"凸显了强烈的时代痕迹,表达了个人志向;另一方面,在康有为看来,"自强不息"之"强"与《中庸》之"强"内涵相同,居中履正,旁行不流,皆为人道自立之德。在《上海强学会后序》中,康有为还讲道:

> 然则天道无知,惟佑强者。《易》首系《乾》,以自强不息,《洪范》六极,弱居极下,盖强弱势也,虽圣人亦有不能不奉者欤!然则惟有自强而已。

第一章
自强不息的历史根脉和思想演变

康有为明确指出了自强的重要性,认为上天不佑弱者,只有自强,才能改变中国的衰弱局面。

此外,维新派的"自强"更多强调个体精神上的觉醒。谭嗣同曾指出:"中国谋自强,益不容缓矣。名之曰'自强',则其责在己而不在人……合并其心力,专求自强于一己。"在谭嗣同看来,中国欲自强,首先人人当先自强,人人自强则中国自强。梁启超在《少年中国说》中同样提出"少年强则国强,少年独立则国独立"。1914年,梁启超在同方部为清华师生带来一场题为《君子》的演讲。在演讲中,他强调自强者要主动克服自身的弱点和不足,努力完善自我、提升自我。后来,梁启超还把"自强不息"与"厚德载物"作为衡量是否是君子的首要标准。

1898年6月11日,光绪帝颁布《定国是诏》,标志着戊戌变法的开始。以康有为、梁启超为代表的维新派人士倡导学习西方,提倡科学文化,改革政治、教育制度,发展农、工、商业等。但以慈禧太后为首的顽固派阻挠变法,并于同年9月21日发动政变,囚禁光绪帝,重新"训政",继而大肆捉拿维新派。谭嗣同、康广仁、林旭、杨深秀、杨锐、刘光第6人不幸被捕,慷慨赴死,史称"戊戌六君子"。以谭嗣同为例,他在变法失败后无惧牺牲,以"我自横刀向天笑"的气概诠释了自强不息的豪迈气概。

虽然戊戌变法最终失败了，但它是中国民族资产阶级登上政治舞台后进行的首次爱国救亡运动和政治改革运动，更是一场思想启蒙运动，在中国近代史上具有重要历史意义。

四、资产阶级革命派的探索与实践深刻展现了自强不息精神

洋务运动、戊戌变法相继失败后，以孙中山、黄兴等为代表的一批新兴资产阶级和小资产阶级知识分子走上了革命道路，形成了资产阶级革命派。1911年，孙中山领导的辛亥革命爆发，清政府被推翻，结束了两千多年来的封建帝制，建立了中华民国，中国革命从此进入新的历史阶段。孙中山"吾志所向，一往无前，愈挫愈奋，再接再厉"的精神风貌，正是自强不息的集中体现。

辛亥革命的发生，有着深刻的社会历史背景，是近代以来中国社会矛盾激化和中国人民顽强斗争的必然结果。1840年鸦片战争以后，西方列强在中华大地上恣意妄为，封建统治者孱弱无能，中国逐步沦为半殖民地半封建社会，国家蒙辱、人民蒙难、文明蒙尘，中国人民和中华民族遭受了前所未有的劫难。但英雄的中国人民始终没有屈服，在救亡图存的道路上一次次抗争、一次次求索，进行了可歌可泣的斗争。

辛亥革命发生前，革命者们创办了大量革命报刊，宣传当时的中国为什么要走革命道路。从《湖北学生界》到《浙江潮》，从

第一章
自强不息的历史根脉和思想演变

《革命军》到《猛回头》《警世钟》,革命的声音从海外传到国内,这些报刊和书籍从文字上无情地揭露了清政府的腐败,说明了革命的合理性,鼓舞了一批爱国青年志士投身到革命洪流中。此外,革命者们还热情讴歌了法国革命和北美独立战争,无情揭示了落后挨打乃至亡国的惨痛教训,说明革命是"天演之公例",是拯救中国的不二之法。孙中山先生大声疾呼"亟拯斯民于水火,切扶大厦之将倾",高扬反对封建专制统治的斗争旗帜,提出民族、民权、民生的三民主义政治纲领,率先发出"振兴中华"的呐喊。1911年10月10日,武昌城头枪声一响,拉开了中国完全意义上的近代民族民主革命的序幕。辛亥革命极大促进了中华民族的思想解放,传播了民主共和的理念,打开了中国进步潮流的闸门,撼动了反动统治秩序的根基,在中华大地上建立起亚洲第一个共和制国家,以巨大的震撼力和深刻的影响力推动了中国社会变革。虽然由于种种限制,辛亥革命未能完成时代所赋予的历史重任,但它吹响了中华民族复兴伟业的号角,深刻展现了中华民族不畏强暴、自强不息的民族品格。

第三节　自强不息的思想精髓

一、坚忍不拔、勤奋好学

《周易·乾卦》有云："君子终日乾乾，夕惕若厉，无咎。"为何君子做到自强不息，刚劲勤勉，并且始终保持恭敬警惕之心，就可以免除灾祸呢？对此，《周易·乾卦·文言》进一步解说道："君子进德修业，忠信所以进德也。修辞立其诚，所以居业也。知至至之，可与言几也。知终终之，可与存义也。是故居上位而不骄，在下位而不忧。故乾乾因其时而惕，虽危无咎矣。""终日乾乾，与时偕行，或跃在渊，乾道乃革。""君子进德修业，欲及时也，故无咎。"也就是说，君子在进德修业方面效法上天的刚健有为，遵循天道自然，力求自我奋斗不懈，追求进步，永不停歇。

孔子是好学上进、进德修业的典范。"我非生而知之者，好古，敏以求之者也。"在孔子看来，自己并不是生来就有知识的人，只是喜爱古代文化，并不断勤勉地求取知识。"十室之邑，必有忠信如丘者焉，不如丘之好学也。""吾尝终日不食，终夜不寝，以思，无益，不如学也。"这些都体现了孔子的孜孜不倦、勤勉好学。

孔子少年时便立志为学、勤勉探求,甚至到了晚年,也没有停下求学的脚步。为了能够透彻理解《易经》,孔子反复阅读,致使编联竹简的皮绳多次脱断。这个典故后来演变成成语"韦编三绝",用来形容读书勤奋刻苦。

孔子一生勤奋好学、读书不辍,对后世也有深远影响。北宋周敦颐认为,对于知识、德业的学不学、修不修,是衡量"君子"与"小人"的标准。"实胜,善也;名胜,耻也。故君子进德修业,孳孳不息,务实胜也。德业有未著,则恐恐然畏人知,远耻也。小人则伪而已。故君子日休,小人日忧。"君子应当每天努力学习,以提升修养、增进修为,并将道德品行融入实践中,这样才能成就事业。

二、志向远大、意志坚定

自强不息要求自觉努力向上,保持坚定意志,为目标而不懈奋斗。也就是说,必须树立远大志向,拥有了坚定的志向,才能有为志向而奋斗的动力,才能做到自强不息。"立志而圣,则圣矣;立志而贤,则贤矣。"一个人如果立志成为圣人,就会成为圣人;如果立志成为贤人,就会成为贤人。人只有确立了坚定的志向,才能有明确的方向,有奋斗的动力,有克服困难的勇气,最后才能有所成就。

中国历史上涌现出无数志向远大、意志坚定的仁人志士。春秋时期,孔子周游列国,欲以周公之道救世安民,面对穷乏困苦乃至"绝粮"的穷途,"不怨天,不尤人",不为富贵利达改变初心,践行了"君子谋道不谋食""不义而富且贵,于我如浮云"的君子品格。面对兵败国危身辱的困境,越王勾践卧薪尝胆,"食不重味,衣不重采,吊死问疾",越人上下一心,奋发图强,终于攻灭吴国,一雪前耻。司马迁身受腐刑,"身残处秽,动而见尤",以坚强的意志,忍辱负重、发愤著史,创作出不朽的《史记》……他们志向远大、意志坚定、坚强不屈,他们的精神千载传颂。

三、自立自强、积极进取

自强不息还意味着不相信命运、积极主动作为。在中国古代的神话传说中,女娲补天、后羿射日、精卫填海、夸父追日、愚公移山等无不展现了自强不息、积极进取、攻坚克难的精神特质。墨子主张"非命",认为成败利害在于人事而非天命,正所谓"强必治,不强必乱;强必宁,不强必危",即人必须积极主动作为,把命运掌握在自己手中;曾子说"士不可以不弘毅",均从正面强调积极进取的重要性。孟子讲"自暴者,不可与有言也;自弃者,不可与有为也",即不与自暴自弃者合作共事;荀子也认为,"无冥冥之志者,无昭昭之明;无惛惛之事者,无赫赫之功",即没有专一的志向、潜心的努力,就无法明辨前进方向、无法获得显赫功绩,均从反面强调锐意进取的重要性。《淮南子》载"自人君公卿至于庶人,不自强而功成者,天下未之有也",朱熹认为"不能自强,则听天所命;修德行仁,则天命在我",胡寅认为"古之圣贤未尝不以懈惰荒宁为惧,勤励不息自强",展现出自强有为、不懈奋斗、勇于把握自身命运的刚健品格。

在漫长历史长河中,自强不息浸润着中国人的精神世界,内化于心,外化于行,如孙敬"头悬梁"、苏秦"锥刺股"、匡衡"凿壁偷光"、倪宽"带经而锄"、司马光"圆木警枕"等,他们都是自立自强、积极进取的典范。

四、不畏艰险、敢于斗争

不畏艰险、敢于斗争是自强不息民族精神的重要内核和直观体现。正是有了不惧艰险、敢于斗争的精神,华夏文明才能从黄河流域的部落联盟发展成为幅员辽阔的统一多民族大国;正是有了不屈不挠、敢于斗争的精神,中华民族才能历经历史上的波澜沉浮而始终保持昂扬向上的生机活力。

帝尧之时,洪水泛滥,禹率领诸侯百姓开凿壅塞、疏通大河、导水入海,"勤劳天下,日夜不懈","众民乃定,万国为治"。南宋时期,文臣武将为恢复中原,抗敌救国,殚精竭虑。岳飞率领大军北伐抗金,一路北上,势如破竹,直逼开封,中原人民群起响应,一度形成光复北方的有利态势;金军进犯,南宋理学家张栻屡次上疏,建议朝廷坚持抗金,"誓不言和,专务自强,虽折不挠",

彰显出威武不屈、自强不息的刚毅意志。清朝后期，英国对华倾销鸦片，毒害人民、腐化吏治、掠夺财富，"渐成病国之忧"。林则徐受命于广东查缴鸦片、驱逐趸船，请定洋商夹带鸦片之罪，采取了虎门销烟的坚决措施，屡次击败英国殖民者的武装挑衅，以敢于斗争、敢于胜利的精神，揭开了近代中国人民抵御外侮、救亡图存的历史序幕。[①]

五、开拓创新、勇于变革

"穷则变，变则通，通则久。"中华民族自古以来就追求因时适变，崇尚革故鼎新。秦孝公时，"国乱兵弱""诸侯卑秦"，他果断任用商鞅实行变法，明法令、行县制、开阡陌、奖耕战，取得了"国富兵强，长雄诸侯"的成效。安史之乱后，藩镇割据削弱了唐王朝的国力，唐朝统治者先后任用刘晏、杨炎等人改革财政。面对"旧制不可轻改"的保守势力，唐德宗"行之不疑"，使"轻重之权始归于朝廷"，有效提升了中央实力，一度创造了藩镇"尽遵朝廷约束"的局面。北宋时期，面对内忧外患，范仲淹、王安石先后主持变法，"变风俗，立法度"，追求富国强兵，"期合于当世之变"。明代中期，政治腐败，宦官权相迭兴、南倭北虏为患，张居正力行改革，"尊主权、课吏职、信赏罚、一号令"，一定程度上扭转了纪纲紊乱、国力不振的颓势。近代以后，面对咄咄逼人的西方列强，

---

① 孟尧：《自强不息的历史渊源与现代传承》，《旗帜》2023年第6期。

第一章
自强不息的历史根脉和思想演变

一批先进的官员学者提出"治国之道,在于自强",积极译介西方知识,开办新式学校,建立近代企业,编练新式军队,力求变法图强,挽救民族危亡。

创新精神驱动下的自强不息,使古老的中华民族始终保持旺盛生机和活力,深刻影响了中华民族的思想品格和历史实践。

第二章

马克思主义的价值理想
与自强不息的契合性

第二章
马克思主义的价值理想与自强不息的契合性

习近平总书记在党的二十大报告中指出:"坚持和发展马克思主义,必须同中华优秀传统文化相结合。只有植根本国、本民族历史文化沃土,马克思主义真理之树才能根深叶茂。中华优秀传统文化源远流长、博大精深,是中华文明的智慧结晶,其中蕴含的天下为公、民为邦本、为政以德、革故鼎新、任人唯贤、天人合一、自强不息、厚德载物、讲信修睦、亲仁善邻等,是中国人民在长期生产生活中积累的宇宙观、天下观、社会观、道德观的重要体现,同科学社会主义价值观主张具有高度契合性。"

作为中国传统文化的精神典范,自强不息包括两层含义:一是"自强"所彰显的主体性,二是"不息"所强调的发展性。这与马克思主义基本原理中重视人的主观能动性、认识世界和改造世界以及事物是普遍联系和变化发展的观点高度契合。

第一节 "自强"与人的主体性

马克思在《关于费尔巴哈的提纲》中指出:"从前的一切唯物主义(包括费尔巴哈的唯物主义)的主要缺点是:对对象、现实、感性,只是从客体的或者直观的形式去理解,而不是把它们当做感性的人的活动,当做实践去理解,不是从主体方面去理解。"[1] 马克思在论述中揭示了人的主体性,认识到现实世界是人类世世代代实践活动的结果,是历史的产物,是人的本质力量的对象化呈现。

一、人的主体性:能动性、自主性和自为性

主体性是指人作为活动主体在对客体的作用过程中所表现出来的能动性、自主性和自为性。其中,能动性主要包含三方面含义:一是主体对于主客体关系的自觉性;二是主体的选择性;三是主体的创造性。创造性是主体能动性的最高表现,真正的主体能动性应该表现出较强的创造能力和创新精神。在实践中发展人的主体性,要不断提高人的创造能力、增强创新意识,推动实践主体在实践活

---

[1]《马克思恩格斯选集》第 1 卷,人民出版社 2012 年版,第 133 页。

第二章
马克思主义的价值理想与自强不息的契合性

动中创造出新的客体,并不断对主体进行创新。把创造客体和创新主体有机统一起来,这是以实践为基础的人的主体性的本质内涵与要求。

真正的主体必然是具有自主性的主体,这种主体既有能力又有权利"作为支配一切自然力的那种活动出现在生产过程中"[1]。主体的自主和自由其实是一个问题的两个方面,"自由的人"也是"自主的人",马克思关于人的主体性和人的自由的观点是相通的,主体活动的主体性和自由活动的自由性密切相关。

"个人总是并且也不可能不是从自己本身出发的"[2]"凡是有某种关系存在的地方,这种关系都是为我而存在的"[3]。在实践中,主体总是把自己的存在和发展当作一个自明的前提,从主体方面去理解事物,从自己出发去从事活动,把事物、活动及其结果看作"为我",这是人类活动的基本特征。

主体的能动性、自主性和自为性相互联系、相互作用。能动性侧重于主体能力,表现为主体活动的自觉选择和创造;自主性侧重于主体权利,表现为主体对活动诸因素的占有和支配;自为性侧重于主体目的,表现为主体活动的内在尺度和根据。只有三者结合和统一,才能构成完整的主体,发挥真正的主体性作用。这与中华优秀传统文化中的自强不息精神不谋而合。老子曾说"胜人者有力,

---

[1]《马克思恩格斯全集》第 46 卷下册,人民出版社 1980 年版,第 113 页。
[2]《马克思恩格斯全集》第 3 卷,人民出版社 1960 年版,第 274 页。
[3]《马克思恩格斯选集》第 1 卷,人民出版社 2012 年版,第 161 页。

自胜者强",荀子讲"君子敬其在己者,而不慕其在天者,是以日进也",都是提醒我们要想自强,就必须反求诸己,更好地发挥自身的主观能动性。

二、主体与客体间的关系:主体性的发挥需要充分认识事物发展的客观规律

在主体和主体的交往中形成了主体间或主体际关系,由此衍生出了主体间性或交互主体性。需要强调的是,主体与主体的关系不是孤立存在的二人世界或多人世界,而是以他们共有的客体世界为前提的。海德格尔认为,"世界向来已经总是我和他人共同分有的世界,此在的世界是共同世界,'在之中'就是与他人共同存在,他人的在世界之内的自在存在就是共同此在……此在本质上是共在……此在之独在也是在世界中共在。他人只能在一种共在中而且只能为一种共在而不在……独在是共在的一种残缺的样式,独在的可能性就是共在的证明"①。也就是说,"主体—主体"的模式并没有完全否定和取代"主体—客体"模式。一方面,"主体—主体"关系是以"主体—客体"关系为背景的,主体与主体作为复数的主体与他们共同的客体仍然处于"主体—客体"的关系之中;另一方面,在"主体—主体"关系中,每一主体作为对方的对象性存在,

---

① [德]海德格尔:《存在与时间》,陈嘉映、王节庆译,熊伟校,生活·读书·新知三联书店1987年版,第146—152页。

第二章
马克思主义的价值理想与自强不息的契合性

具有一定程度的客体性。

对于发挥主体性的人来说，要唯物辩证地去看待条件。其一，条件对事物发展和人的活动具有支持或制约作用。有利条件支持和促进事物的发展和人的活动，不利条件制约和阻碍事物的发展和人的活动。其二，条件是可以改变的。人在条件面前并非消极无为，经过努力可以将不利条件转化为有利条件，推动事物的发展。其三，不能随意改变和创造条件，必须尊重事物发展的客观规律，否则就是揠苗助长。在实际工作中，坚持唯物辩证法的条件论，反对唯心主义的无条件论和唯条件论，既善于充分利用有利条件，又善于化不利条件为有利条件。

三、只有符合历史发展必然性的主体才是创造历史的决定力量

历史是人创造的，不能脱离人去探索历史的创造者。唯物史观认为，人不是抽象的而是现实的，现实的人及其活动是社会历史存在和发展的前提。所谓现实的人，"不是处在某种虚幻的离群索居和固定不变状态中的人，而是处在现实的、可以通过经验观察到的、在一定条件下进行的发展过程中的人"[①]。这种现实的人，是基于自身需要和社会需要而从事一定实践活动、处于一定社会关系中、具有能动性的人。只有把人看作现实的人，才能正确把握人的

---

① 《马克思恩格斯选集》第1卷，人民出版社2012年版，第153页。

本质，把握人与社会历史的关系。

马克思指出："人的本质不是单个人所固有的抽象物，在其现实性上，它是一切社会关系的总和。"① 也就是说，人的本质属性是社会属性，不是自然属性；人的本质属性表现在各种社会关系中；人的本质是变化发展的，不是永恒不变的。该观点强调了个人与社会的统一，要求人们从一定的社会关系包括阶级关系中去认识和把握群体和个人的本质及作用。唯物史观立足整体的社会历史过程，探究谁是历史的创造者。社会历史发展过程虽然离不开个体的人的活动，但整体的社会历史并非个体的历史的简单堆砌。恩格斯指出：

> 无论历史的结局如何，人们总是通过每一个人追求他自己的、自觉预期的目的来创造他们的历史，而这许多按不同方向活动的愿望及其对外部世界的各种各样作用的合力，就是历史。②

就个体而言，他在一定意义上"创造"了自己的"历史"，即通过自己的人生谱写了自身个体的"历史"，但这并不能与创造社会历史画等号。社会历史就其整体而言，是一定的群体（集体、阶级、民族乃至全人类）的认识活动和实践活动及其产物的演进过程，是以一定的物质生产方式为基础的社会形成和演进过程。可以说，社会历史的变化发展是社会领域中各种力量交互作用的结果。在这些

---

① 《马克思恩格斯选集》第 1 卷，人民出版社 2012 年版，第 139 页。
② 《马克思恩格斯选集》第 4 卷，人民出版社 2012 年版，第 254 页。

纵横交错的力量中，既存在符合经济运动的必然性乃至整个社会历史发展的必然性、推动和促进社会历史向前发展的力量，也存在违反经济运动的必然性乃至整个社会历史发展的必然性、阻碍历史前进的力量。只有顺应历史发展趋势、符合历史发展必然性的历史主体，才是创造历史的决定力量。

四、历史最稳定的主体部分始终是从事物质资料生产的劳动群众

主客体关系是以主体之间的交往为中介的。主体性不仅表现在他们对自然界的一定关系中，而且表现在劳动主体相互间的一定关系中，也就是说，人的主体性不仅指主体在主客体相互作用中表现出来的特性，还包括不同的主体在一定的社会历史条件下为变革某一客体而进行的相互交往的特性。

人与历史的关系具有人类与历史、群体与历史、个体与历史三层关系。我们把人类总体当作历史主体来理解的时候，无疑应该肯定总体的人在总体的历史过程中的主体地位。在这个意义上，恩格斯提出"人们自己创造自己的历史"①的观点，同神创造历史、观念创造历史和超人创造历史等唯心史观划清界限。需要指出的是，唯物史观并没有停留在一般地承认人创造历史这一点上，而是更深入地考察了群体与个体的历史作用，区分了创造历史过程中的决定力

---

① 《马克思恩格斯选集》第4卷，人民出版社2012年版，第649页。

量与非决定力量、主导力量与非主导力量,从而科学地解决了谁是历史创造者的问题。

从质上看,人民群众是指一切对社会历史发展起推动作用的人;从量上看,人民群众是指社会人口中的绝大多数。人民群众是一个历史范畴。在不同历史时期,人民群众有着不同的内容,包含不同的阶级、阶层和集团,但其中最稳定的主体部分始终是从事物质资料生产的劳动群众。在当代中国,全体社会主义劳动者、社会主义事业的建设者、拥护社会主义的爱国者、拥护祖国统一和致力于中华民族伟大复兴的爱国者都属于人民群众的范畴。

五、人民群众是历史的创造者

人民群众是社会历史实践的主体,在创造历史中起决定性作用。人民群众创造历史的作用同社会基本矛盾运动推动社会前进的进程是一致的。在社会基本矛盾的解决过程中,人民群众是顺应生产力发展要求的社会力量,是具有变革旧的生产关系愿望的社会力量,是主张变革旧的社会制度和旧的思想观念的社会力量。人民群众的总体意愿和行动代表了历史发展的方向,人民群众的社会实践最终决定历史发展的结局。

人民群众是社会物质财富的创造者。人类社会赖以存在和发展的基础是物质资料的生产方式。广大劳动群众是物质资料生产活动的主体,创造了人们吃穿住行等必需的生活资料以及从事政治、科学、文

第二章
马克思主义的价值理想与自强不息的契合性

化艺术等活动所必需的物质前提。包括知识分子在内的劳动群众在生产过程中不断积累和传播生产经验，不断改进和发明生产工具，促进了社会生产力的发展。随着生产过程的现代化和繁重体力劳动的逐渐减少，知识分子的脑力劳动在生产活动中将变得更为重要。在当代社会，科学技术在生产力发展中的地位越来越重要，知识分子在推动社会生产力进步、创造社会物质财富过程中所起到的作用将更加突出。

人民群众是社会精神财富的创造者。物质生产活动的主体是人民群众，精神生产活动的主体也是人民群众。人民群众通过物质生产实践为创造精神财富提供了必要的物质条件和设施。人民群众的实践活动是一切精神财富、精神产品形成和发展的源泉。一切科学理论、一切有价值的文学艺术，都来源于人民群众的生活实践。人民群众还直接参与了社会精神财富的创造，尤其是知识分子在精神生产过程和社会精神财富的创造中起到了非常重要的作用。

人民群众是社会变革的决定力量。人民群众在创造社会财富的同时，创造并改造着社会关系。生产关系的变革，社会制度的更替，最终取决于生产力的发展，但不会随着生产力的发展自发地实现和完成，而必须借助人民群众的力量。在特定的社会环境中，人民群众通过推动生产力的发展而不断要求改进生产关系。

人民群众是社会革命的主力军，在社会形态更替的过程中发挥了巨大作用。但人民群众创造历史的活动也会受到一定社会历史条件的制约。经济条件对于人民群众创造历史的活动有着首要的、决定性的影响。一定历史阶段所达到的生产力水平，是人民群众创造历史的物质基础和前提。在不同的生产关系或经济制度中，人民群众的经济地位、经济利益及其在生产过程中的作用是不同的。政治条件对人民群众创造历史的活动也具有直接影响。在不同的政治制度下，人民群众的政治地位和享受到的政治权利不同，在政治以及其他领域中创造作用的发挥也就不同。精神文化条件也是制约人民群众创造历史活动的重要因素。一定历史时期的人们，总是自觉或不自觉地受着一定社会的思想文化传统和意识形态的影响。消极落后的文化意识会削弱人民群众创造历史的作用，而先进的科学文化和思想道德则对人民群众创造历史的活动具有积极的促进作用。

第二章
马克思主义的价值理想与自强不息的契合性

第二节 "不息"与事物的发展变化规律

世界上的各种事物不仅是普遍联系的,而且是变化发展的。事物的相互联系构成了运动、变化和发展。恩格斯指出:

> 世界不是既成事物的集合体,而是过程的集合体,其中各个似乎稳定的事物同它们在我们头脑中的思想映象即概念一样都处在生成和灭亡的不断变化中,在这种变化中,尽管有种种表面的偶然性,尽管有种种暂时的倒退,前进的发展终究会实现。[①]

物质世界处于永恒的运动之中,而物质世界的运动包含事物的变化和发展,其中变化泛指事物发生的一切改变,发展则是事物变化中前进的、上升的运动。

物质世界的发展,特别是人类社会的发展,其实质是新事物的产生和旧事物的灭亡。恩格斯指出:

> 在发展进程中,以前一切现实的东西都会成为不现实的,

---

① 《马克思恩格斯选集》第4卷,人民出版社2012年版,第250页。

读懂自强不息

都会丧失自己的必然性、自己存在的权利、自己的合理性；一种新的、富有生命力的现实的东西就会代替正在衰亡的现实的东西，如果旧的东西足够理智，不加抵抗即行死亡，那就和平地代替；如果旧的东西抗拒这种必然性，那就通过暴力来代替。[①]

判断一个事物是新事物还是旧事物，并不取决于其形式的新旧与出现时间的先后。新事物是指合乎历史前进方向、具有远大前途的东西，旧事物是指丧失历史必然性、日趋灭亡的东西。中国共产党团结带领中国人民浴血奋战、百折不挠，推翻了三座大山，创造了新民主主义革命的伟大成就，是自强不息的鲜明体现。也就是说，那些腐朽的、落后的、旧的事物，通过政治、经济甚至暴力的途径，终将被推翻。

正是这种新事物产生、旧事物灭亡的新陈代谢运动，才使世界蓬勃发展。在新陈代谢的发展过程中，新事物是不可战胜的。首先，就新事物与环境的关系而言，新事物之所以新，是因为有新的要素、结构和功能，它适应已经变化了的环境和条件；旧事物之所以旧，是因为它的各种要素和功能已经不适应环境和客观条件的变化，走向灭亡就成为不可避免的。其次，就新事物与旧事物的关系而言，新事物是在旧事物的"母体"中孕育成熟的，它既否定了旧事物中消极腐朽的东西，又保留了旧事物中合理的、适应新条件的

[①]《马克思恩格斯选集》第4卷，人民出版社2012年版，第222页。

因素，并添加了旧事物所不能容纳的新内容，这也正是新事物在本质上优越于旧事物、具有强大生命力的原因所在。在社会历史领域，新事物是社会上先进的、富有创造力的人们从事创造性活动的产物。新事物从根本上符合人民群众的利益和要求，能够得到人民群众的拥护，因而必然战胜旧事物。

第三节　自强不息的运行逻辑

世界上一切事物都是变化发展的,事物的变化发展涉及事物的本质和发展规律,是一个认识世界和改造世界的关系问题。认识世界,就是主体能动地反映客体,获得关于事物本质和发展规律的科学认识,探索和掌握真理。改造世界,就是人类按照有利于自己生存和发展的需要,改变事物的现存形式,创造自己的理想世界和生活方式。

认识世界和改造世界是相互依赖、相互制约的辩证统一关系。一方面,认识世界有助于改造世界,正确认识世界是有效改造世界的必要前提;另一方面,人们只有在改造世界的实践中,才能不断深化、不断拓展对世界的正确认识。认识世界和改造世界的统一,决定了理论与实践必须相结合。没有理论指导的实践是盲目的实践,不与实践相结合的理论是空洞的理论,二者都是不可取的。认识世界和改造世界是一个充满矛盾的过程。世界不会自动满足人的需求,人也不会满足于世界的现存形式。人作为主体,总是受着目的性和能动性的驱使,要求外部客观世界满足自身需要,但客观世界是按照固有规律运行的,不可能自动满足主体的愿望和需要,因

第二章
马克思主义的价值理想与自强不息的契合性

此,主观和客观经常处于矛盾状态之中。主观和客观的矛盾是人类认识和实践活动中的基本矛盾,也是人类认识世界和改造世界的根本动力。正是在这一矛盾的驱动下,认识世界和改造世界的过程才不断得到深化和拓展。

一、自强不息的关键在于一切从实际出发

自强不息要求自立自强、积极进取,充分发挥人的主体性。如何更好地发挥人的主体作用,从而改造世界呢?那就是一切从实际出发,即要把客观存在的事物作为观察和处理问题的根本出发点,这也是马克思主义认识论的根本要求和具体体现。从实际出发,就是要从变化发展着的客观实际出发,从特定的社会历史条件出发。从根本上说,就是要从客观事物存在和发展的规律出发,在实践中按照客观规律办事。马克思、恩格斯指出:"共产党人的理论原理,决不是以这个或那个世界改革家所发明或发现的思想、原则为根据的。这些原理不过是现存的阶级斗争、我们眼前的历史运动的真实关系的一般表述。"[①] 这些原理的实际运用,在任何时候都要以当时的历史条件为根据,不能生搬硬套。恩格斯还强调"马克思的历史理论是任何坚定不移和始终一贯的革命策略的基本条件;为了找到这种策略,需要的只是把这一理论应用于本国的经济条件和政治条

---

① 《马克思恩格斯选集》第1卷,人民出版社2012年版,第413—414页。

件"①,这就是说,运用马克思主义,必须从实际出发。

一切从实际出发、实事求是,是中国共产党的思想路线的重要内容。何谓实事求是?毛泽东指出:

"实事"就是客观存在着的一切事物,"是"就是客观事物的内部联系,即规律性,"求"就是我们去研究。②

也就是说,从客观存在着的"实事"中找到事物变化发展的规律,把事物的客观之"理"转化为人的认识之"理",即真理。毛泽东的这一论述深刻揭示了实事求是的科学内涵,鲜明地体现了辩证唯物主义的能动反映论与机械唯物主义的直观反映论的根本区别。坚持实事求是,最基础的工作在于搞清楚"实事",也就是了解实际、掌握实情,这是进行一切科学决策所必需的,也是唯一可靠的前提和基础。为什么想问题、作决策、办事情必须从实际出发,而不能从本本出发呢?这是因为,实际事物是具体的,而本本是对实际事物研究、抽象的结果,不能成为研究问题和作决策的出发点。本本、理论、思想都是从实践中产生的。理论是否正确,还要接受实践检验,理论在实践中才能得到丰富和发展。同时,理论只有与实际相结合,才能发挥对实践的指导作用,实现自身的价值和意义;理论如果脱离了实际,就会成为僵化的教条。此外,坚持实事求是,关

---

① 《马克思恩格斯文集》第 10 卷,人民出版社 2009 年版,第 532 页。
② 《毛泽东选集》第 3 卷,人民出版社 1991 年版,第 801 页。

键在于"求是",即探求和掌握事物发展的规律。对事物客观规律的认识,只能在实践中完成。勇于实践、善于实践,在实践中积累经验、进行理论升华,再用以指导实践、推动实践,在实践中使认识得到检验、修正、丰富和发展,这是认识客观规律的根本途径,也是把握客观规律的必由之路。

二、自强不息的内在运行逻辑是坚持守正创新

人类认识世界和改造世界的过程,是一个不断坚持守正创新,并努力实现理论创新和实践创新良性互动的过程,这与自强不息所蕴含的开拓创新、勇于变革精神具有相通之处。习近平总书记在党的二十大报告中指出:"必须坚持守正创新。我们从事的是前无古人的伟大事业,守正才能不迷失方向、不犯颠覆性错误,创新才能把握时代、引领时代。"守正创新是坚持守正与创新的辩证统一。守正与创新是相辅相成的,守正是创新的前提和基础,创新是守正的目的和路径。只有守正,才能根据事物的本质要求和客观规律想问题、办事情,才能恪守正道、固本强基;只有创新,才能充分发挥人的主观能动性,促进认识和实践的发展。守正创新深刻揭示了"变"与"不变"、继承与发展的辩证统一关系,揭示了自强不息的内在运行规律。

守正就是坚持实事求是,坚持真理性认识,坚持正确政治方向。习近平总书记指出:"要坚守正道、追求真理,立足我国国情,

读懂自强不息

放眼观察世界,不妄自菲薄,不人云亦云。"①

创新就是坚持解放思想,破除与客观事物进程不相符合的旧观念、旧模式、旧做法,发现和运用事物的新联系、新属性、新规律,更好地认识世界和改造世界。习近平总书记指出:

> 社会总是在发展的,新情况新问题总是层出不穷的,其中有一些可以凭老经验、用老办法来应对和解决,同时也有不少是老经验、老办法不能应对和解决的。如果不能及时研究、提出、运用新思想、新理念、新办法,理论就会苍白无力,哲学社会科学就会"肌无力"。②

因此,我们必须紧跟时代步伐,顺应实践发展,以满腔热忱对待一切新生事物,不断拓展认识的广度和深度,敢于说前人没有说过的新话,敢于干前人没有干过的事情,以新的理论指导新的实践。

要根据时代变化和实践发展,不断深化认识,不断总结经验,不断进行理论创新,坚持理论指导和实践探索辩证统一,实现理论创新和实践创新良性互动。实践创新为理论创新提供不竭的动力源泉。为此,我们要准确把握时代大势,坚持解放思想、实事求是、守正创新,不断回答时代和实践给我们提出的新的重大课题。理论

---

① 习近平:《在知识分子、劳动模范、青年代表座谈会上的讲话》,《人民日报》2016年4月30日第2版。
② 《习近平关于社会主义文化建设论述摘编》,中央文献出版社2017年版,第86页。

创新为实践创新提供科学的行动指南。习近平总书记指出:"理论一旦脱离了实践,就会成为僵化的教条,失去活力和生命力。实践如果没有正确理论的指导,也容易'盲人骑瞎马,夜半临深池'。理论对规律的揭示越深刻,对社会发展和变革的引领作用就越显著。"[1] 创新是理论发展的永恒主题,也是社会发展、实践深化、历史前进对理论的必然要求。自强不息所蕴含的开拓创新、勇于变革精神要求我们党坚持马克思主义的科学原理和科学精神、创新精神,善于根据客观情况的变化,不断丰富和发展理论,使理论更好地指导实践。

---

[1]《习近平关于社会主义文化建设论述摘编》,中央文献出版社2017年版,第65页。

读懂自强不息

第四节 马克思主义的人类解放理论与自强不息的价值旨归相契合

习近平总书记在纪念马克思诞辰200周年大会上指出:"马克思主义博大精深,归根到底就是一句话,为人类求解放。"① 为人类求解放是马克思主义的鲜明主题,也是马克思终其一生的最高价值追求。正如恩格斯所说:"他毕生的真正使命,就是以这种或那种方式参加推翻资本主义社会及其所建立的国家设施的事业""斗争是他的生命要素。很少有人像他那样满腔热情、坚韧不拔和卓有成效地进行斗争"。② 马克思正是在不断的革命与斗争中寻求人类解放的道路与方式,充分发挥人的主观能动性和人民群众的主体作用,为实现共产主义奋斗终身。

马克思主义的人类解放理论内涵丰富,以揭示和把握人类社会发展规律为基础,致力于引导人类从资本主义异化状态中解放出来,从而实现人的自由而全面的发展。马克思人类解放理论主要体现在

---

① 习近平:《在纪念马克思诞辰200周年大会上的讲话》,《人民日报》2018年5月5日第2版。
② 《马克思恩格斯文集》第3卷,人民出版社2009年版,第602页。

以下几方面：在经济领域，破除私有制，谋求公有制；在政治领域，破除支配，谋求平等；在文化领域，破除被奴役、被统治，谋求科学、民主和大众的文化；在社会领域，破除被剥削、被异化，谋求按需分配；在生态领域，破除人与自然二元对立，谋求辩证统一的可持续发展。马克思人类解放理论是马克思主义基本原理的核心、灵魂、实质，体现了无产阶级为追求人类幸福和实现人类解放所作的不懈努力。这与中华优秀传统文化中自强不息的价值旨归高度契合。

自强不息同样蕴含着人的自由而全面发展的深刻意蕴。"天行健，君子以自强不息。"古人将天道运行、化生万物的过程概括为"健"，推崇刚健有为，激励君子以积极的人生观和世界观去效法天道的刚健品格，发奋拼搏、攻坚克难，积极进取、日新其德，持之以恒、永不懈怠，其中就有对个人自由全面发展的追求。追求个人自由全面的发展，离不开个人品格建设，而这与自强不息所蕴含的内在精神同样密不可分。自强不息中既有"强"所蕴含的意志力，也有"自"所彰显的主体性，还有"不息"所强调的恒久性。在经济、政治、文化、社会等不同领域的实践与探索中，均生动展现了中华优秀传统文化中自强不息所蕴含的精神品质。自强不息已成为中华民族生生不息、中国人民拼搏奋斗的气节品质和强大动力。

一、经济领域：破除私有制，谋求公有制

资产阶级为了能够攫取越来越多的利润，对无产阶级进行无情

的剥削和压迫，正如马克思、恩格斯在《共产党宣言》中所指出的，"雇佣工人靠自己的劳动所占有的东西，只够勉强维持他的生命的再生产"[1]，也就是说，在资本主义私有制条件下，资本的发展固然表现为社会财富的大量快速增长，但是这些由工人生产出来的产品反而不属于工人所有，即不论工人生产了多少，他所能够拥有的都只有那仅能满足自己基本生存的部分，很显然，剩下的部分全部归资本家所有。马克思、恩格斯认为，虽然资本主义经济得到了相当大的发展，但是生产越发展，社会财富越增长，财富就会越集中于少数资产阶级手中，无产阶级受到的剥削就越深。在资本主义不断发展的过程中，"工人变成了机器的单纯的附属品，要求他做的只是极其简单、极其单调和极容易学会的操作。因此，花在工人身上的费用，几乎只限于维持工人生活和延续工人后代所必需的生活资料"[2]。资产阶级无情地对工人阶级进行剥削和压迫，不断榨取其剩余价值，这是资本主义私有制的本质所在。由此，资本主义私有制的内在矛盾就体现为：一方面，资本对于金钱利益和剩余价值的无止境追求，导致生产无限扩大；另一方面，在生产无限扩大、生产力不断增长的情况下，无产阶级愈加贫穷，社会地位愈加低下，购买力的需求也相对缩小。

马克思、恩格斯在《共产党宣言》中指出："共产主义革命就是同传统的所有制关系实行最彻底的决裂，毫不奇怪，它在自己的发

---

[1]《马克思恩格斯选集》第1卷，人民出版社2012年版，第602页。
[2]《马克思恩格斯选集》第1卷，人民出版社2012年版，第407页。

展进程中要同传统的观念实行最彻底的决裂。"① 也就是说，资本主义所有制是建立在资本家对无产阶级剥削和压迫的基础上，即建立在资本主义私有制的基础上，由此，马克思、恩格斯提出，共产主义就是要消灭资本主义私有制，谋求生产资料公有制。需要指出的是，马克思、恩格斯这里所讲的消灭资本主义私有制并不是指要消灭那些供人生存所需的基本的社会占有，这些占有是为了满足个人的需求，并不会为了获得剩余价值而去支配他人劳动，共产主义要消灭的是那些利用个人的占有而剥削压迫他人的行为。

在共产主义公有制下，劳动者生产的产品不再是作为社会交换的特殊产品而存在，也不再是作为存在于个人之外、异己于个人的东西，而是"单个人的劳动一开始就成为社会劳动。因此，不管他所创造的或协助创造的产品的特殊物质形式如何，他用自己的劳动所购买的不是一定的特殊产品，而是共同生产中的一定份额"②，也就是说，全部生产资料都由劳动者自己占有。

二、政治领域：破除支配，谋求平等

希腊城邦被誉为西方传统政治中自由、平等的典范，在西方政治思想史上具有重要地位。城邦与家庭的关系模式奠定了希腊政治的基础。在古希腊，城邦公民同时属于两种秩序：在家庭（私人领

---

① 《马克思恩格斯选集》第1卷，人民出版社2012年版，第421页。
② 《马克思恩格斯全集》第46卷上册，人民出版社1979年版，第119页。

域），存在着主人与奴隶、命令与服从的关系，主要满足"人"作为动物的自然存在需要；在城邦（公共领域），人人平等，相互对话，主要满足作为公民的人对政治生活的参与。这种模式表明，城邦公民在公共领域中的自由包含着私人领域中对奴隶的支配。亚里士多德指出："世上有统治者和被统治者的区分，这不仅是实属必需，实际上也是有益的；有些人在诞生时就注定是被统治者，另外一些人则注定将是统治者。""人是政治的动物。"在亚里士多德看来，没有能力进入政治领域的奴隶，不属于"人"的范畴。为了获得公民权利，人必须从生存活动中"解放"出来。①

作为古典共和主义的代表人物，汉娜·阿伦特对希腊政治经验保持尊崇，但是她对其黑暗面也有充分认识。她指出："一切统治都在人们使自身摆脱生活必然性的渴望上有其最原始和最合法的来源，人们通过暴力的手段，通过强迫他人为自己承担生活的重负来获得这种解放。这是奴隶制的核心。"阿伦特发现，马克思通过"推翻那些使人成为被侮辱、被奴役、被遗弃和被蔑视的东西的一切关系"，消解了希腊城邦的政治界限，为全人类实现自由创造了条件。这一发现对于揭示马克思人类解放理论的当代意义具有重要启示。②

马克思所展望的共产主义社会作为自由人的联合体，代替了一切存在统治与被统治关系的阶级社会。马克思提出"支配他人的人不能获得自由"，认为"平等，作为共产主义的基础，是共产主

---

① 李志军：《马克思人类解放理论的三重意蕴》，《前线》2018 年第 4 期。
② 李志军：《马克思人类解放理论的三重意蕴》，《前线》2018 年第 4 期。

第二章
马克思主义的价值理想与自强不息的契合性

义的政治论据"①。恩格斯也认为,平等是"一切人,或至少是一个国家的一切公民,或一个社会的一切成员,都应当有平等的政治地位和社会地位"②。这种意义上的平等只有在共产主义社会才能够实现。共产主义将通过消灭阶级剥削和压迫,消除穷人和富人之间逐渐拉大的贫富差距,从而实现社会成员的身份地位平等和经济权利平等。

马克思、恩格斯意在追求建立一种人人普遍平等的政治制度;而近代以前的平等经常被理解为与政治地位或者别的地位相等的人有同等的权利,意味着对同等的人,应该给予相等的对待,但并不意味着所有的人都是平等的。也就是说,在整个西方政治思想传统中,自由与彻底的平等是相排斥的,自由预先就意味着对一部分人的统治,平等和自由只是针对与自己地位对等的人而言的,人们从未想过使所有人都获得平等和自由,近代的平等实际上是对等而非真正意义上的平等。因此,马克思提出的在未来社会中实现普遍平等的观点具有颠覆传统的重大意义,"政治解放当然是一大进步;尽管它不是普遍的人的解放的最后形式,但在迄今为止的世界制度内,它是人的解放的最后形式"③。

---

① 《马克思恩格斯文集》第1卷,人民出版社2009年版,第231页。
② 《马克思恩格斯文集》第9卷,人民出版社2009年版,第109页。
③ 《马克思恩格斯文集》第1卷,人民出版社2009年版,第32页。

三、文化领域：破除被奴役、被统治，谋求科学、民主和大众的文化

马克思在《政治经济学批判》中将人类社会划分为三大形态，据此检视文化解放与社会发展的互动关系。在最初的社会形态里，由于人类的生产能力低下，只是在狭窄的范围和孤立的地点上劳动，人类的劳动以占有和生产实物为目的，由此联结人类族群的也只能是自然发生的以血缘关系为基础的人的依赖关系。在这种社会形态中，人类尚未在文化消费中享受文化，更多地表现为图腾崇拜、仪式活动或乐舞等具有原初意义的人类信仰行为。在第二大社会形态里，人类分工有了很大发展，一方面形成了"以物的依赖性为基础的人的独立性"，另一方面形成了"普遍的社会物质变换，全面的关系，多方面的需求以及全面的能力的体系"[①]。在这种社会形态中，文化领域有了快速的发展，建构起巨大的文化空间和文化市场。由于文化的发展是以政治和经济利益为取向的，文化不断被推向了标准化、统一性，但同时泯灭了个性和创造性，加剧了人的异化过程。在第三大社会形态里，伴随着生产力的巨大发展，消费产品极大丰富，不但发达的物质生产使人们拥有充足的物质产品，而且精神文化领域的生产也使人们享受到丰富多样的文化产品。在这种社会形态中，社会成员能够在人类物质和精神产品中自由选择，在最符合个体兴趣爱好的各种社会文化活动中，最大限度地发

---

① 《马克思恩格斯全集》第 46 卷上册，人民出版社 1979 年版，第 104 页。

第二章
马克思主义的价值理想与自强不息的契合性

挥自己的聪明才智和创造能力,形成充分的文化创造,实现充分的文化享受。这是文化解放的最终历史形态,也标志着文化解放的最终完成。

由以上社会形态变迁,可分析出文化解放的历史定位。在最初的社会形态里,文化创造仅限于原初的信仰行为,文化解放尚未成为一个历史的任务;在第二大社会形态里,随着商品经济及市场经济的日益发展,文化领域也得以充分发展,但在资本主义制度下,其活力与创造性受到抑制;到第三个阶段的社会形态,伴随着发达的物质生产和商品经济的消亡,文化解放以人在自由而全面发展中的文化创造和文化享受的方式实现,走向人对本质的真正占有。理解和分析文化解放,需要勘察文化话语权和政治权利、经济权利之间的紧密关系,从而厘清文化解放与政治解放、经济解放维度之间的互动关系,明确文化解放在统治与被统治的政治问题中的地位和作用。[①]

马克思提出,任何一种解放都是把人的世界和人的关系归还给人自己,"归还"或"复归"自然应包含将人们生动的精神世界"还给人自己"。马克思的文化解放理念,突破了市民社会金钱至上的观念和利己主义的原则对精神文化的支配和宰割。它虽然要求人们从现实的经济关系入手,克服文化活动的异化现象,却也要求人们建构新的社会意识,激发出改造资本主义社会的革命热情,克服资本主义市民社会的弊病,使文化解放与政治解放、经济解放相统一,

---

① 刘同舫:《马克思文化解放的维度及其政治旨趣》,《天津社会科学》2011 年第 3 期。

在这一历史进程中彻底改造社会，实现人类的最终解放。①

四、社会领域：破除被剥削、被异化，谋求按需分配

马克思、恩格斯在《德意志意识形态》中指出，共产主义的实现必须"以生产力的巨大增长和高度发展为前提""如果没有这种发展，那就只会有贫穷、极端贫困的普遍化；而在极端贫困的情况下，必须重新开始争取必需品的斗争，全部陈腐污浊的东西又要死灰复燃"。②马克思、恩格斯还强调，"当人们还不能使自己的吃喝住穿在质和量方面得到充分保证的时候，人们就根本不能获得解放"③。共产主义以"各尽所能，按需分配""每个人的自由发展是一切人的自由发展的条件"等作为基础性原则，表明人类彻底解放的根基在于社会生产力的高度发展。

共产主义社会的分配制度是在人们全面发展、社会财富充分涌流的基础上，按照社会共同体成员的合理需求分配劳动产品。恩格斯在为马克思《雇佣劳动与资本》1891年单行本所写的导言中指出："通过有计划地利用和进一步发展一切社会成员的现有的巨大生产力，在人人都必须劳动的条件下，人人也都将同等地、愈益丰

---

① 刘同舫：《马克思文化解放的维度及其政治旨趣》，《天津社会科学》2011年第3期。
② 《马克思恩格斯文集》第1卷，人民出版社2009年版，第538页。
③ 《马克思恩格斯文集》第1卷，人民出版社2009年版，第527页。

富地得到生活资料、享受资料、发展和表现一切体力和智力所需的资料。"① 马克思在《哥达纲领批判》中也强调:"在共产主义社会高级阶段,在迫使个人奴隶般地服从分工的情形已经消失,从而脑力劳动和体力劳动的对立也随之消失之后;在劳动已经不仅仅是谋生的手段,而且本身成了生活的第一需要之后;在随着个人的全面发展,他们的生产力也增长起来,而集体财富的一切源泉都充分涌流之后,——只有在那个时候,才能完全超出资产阶级权利的狭隘眼界,社会才能在自己的旗帜上写上:各尽所能,按需分配!"② 也就是说,在共产主义社会高级阶段,劳动已不再仅仅是社会成员用来谋生的手段,人们也不再仅仅为了取得物质回报而去劳动,而是每个社会成员都能够充分发挥自己的个人能力,都能够发自内心地、不计任何报酬地、自觉自愿地参与社会劳动,社会也能够按照不同成员的合理需求去分配这些劳动产品。

五、生态领域:破除人与自然二元对立,谋求辩证统一的可持续发展

马克思主义生态观蕴含丰富的唯物的、辩证的、实践的生态哲学思维和方法,赋予运用马克思主义生态观观察美好生活以可能性和必要性。马克思主义生态观的产生与发展,是对近代以来人

---

① 《马克思恩格斯选集》第 1 卷,人民出版社 2012 年版,第 326 页。
② 《马克思恩格斯选集》第 3 卷,人民出版社 2012 年版,第 364—365 页。

读懂自强不息

类错误的自然观念的反思以及当代人类现实生存困境的关切的结果。① 马克思认为，人与自然不是孤立存在的，而是辩证统一的有机整体。马克思指出："人是类存在物""无论是在人那里还是在动物那里，类生活从肉体方面来说就在于人（和动物一样）靠无机界生活，而人和动物相比越有普遍性，人赖以生活的无机界的范围就越广阔。"② 这种普遍性是由人的劳动实践造成的，正如马克思所强调的："在实践上，人的普遍性正是表现为这样的普遍性，它把整个自然界——首先作为人的直接的生活资料，其次作为人的生命活动的对象（材料）和工具——变成人的无机的身体。"③ 也就是说，其一，自然界是先于人类而存在的，人类是自然界发展到一定阶段的产物。没有自然界，人类便不可能产生。其二，自然界是人的无机体，人的生存和发展要依赖于自然界，自然界是人类生存和发展的客观基础。

恩格斯曾指出："我们不要过分陶醉于我们人类对自然界的胜利。对于每一次这样的胜利，自然界都对我们进行报复。每一次胜利，起初确实取得了我们预期的结果，但是往后和再往后却发生完全不同的、出乎预料的影响，常常把最初的结果又消除了。"④ 恩格斯还列举了造成生态灾难的典型事例。

---

① 栾淳钰：《马克思主义生态观与人民美好生活》，《光明日报》2019年5月23日第6版。
② 《马克思恩格斯文集》第1卷，人民出版社2009年版，第161页。
③ 《马克思恩格斯文集》第1卷，人民出版社2009年版，第161页。
④ 《马克思恩格斯文集》第9卷，人民出版社2009年版，第559—560页。

第二章
马克思主义的价值理想与自强不息的契合性

美索不达米亚、希腊、小亚细亚以及其他各地的居民，为了得到耕地，毁灭了森林，但是他们做梦也想不到，这些地方今天竟因此而成为不毛之地，因为他们使这些地方失去了森林，也就失去了水分的积聚中心和储藏库。

阿尔卑斯山的意大利人，当他们在山南坡把那些在山北坡得到精心保护的枞树林砍光用尽时，没有预料到，这样一来，他们就把本地区的高山畜牧业的根基毁掉了；他们更没有预料到，他们这样做，竟使山泉在一年中的大部分时间内枯竭了，同时在雨季又使更加凶猛的洪水倾泻到平原上。

西班牙的种植场主曾在古巴焚烧山坡上的森林，以为木灰作为肥料足够最能赢利的咖啡树利用一个世代之久，至于后来热带的倾盆大雨竟冲毁毫无保护的沃土而只留下赤裸裸的岩石。①

这意味着，自然界不再是孤立的，而是深深地打上了人的烙印，并随着人类实践活动的发展而不断地发展变化。但是，人在改造自然的同时，也受到自然的约束。人应该按照自然规律，科学合理地改造自然。

在资本主义社会，人与自然的关系是对立的。资本主义制度确立了一切以资本为中心、金钱至上的理念，他们把自然界仅仅看成是获取利润的工具，人与自然的关系只剩下索取与被索取、统治与被统治的关系。在这样的资本主义生产方式的控制下，生态被破坏

---

① 《马克思恩格斯文集》第9卷，人民出版社2009年版，第560、562—563页。

是必然结果。① 马克思、恩格斯在考察资本主义生产方式时，充分肯定资本主义生产方式造就了社会化的生产力、工业文明、城市化和发达的市场经济，给人类社会带来了巨大进步；但同时又揭示了资本主义制度所实行的残酷的经济剥削、野蛮的殖民掠夺，以及它所固有的反生态性。"生产剩余价值或赚钱，是这个生产方式的绝对规律"②，资本主义积累和殖民掠夺的历史，就是用血和火的文字载入人类编年史。正是由于资本追求剩余价值最大化，因此，资产阶级力图降低成本、最大化增加利润，而无意顾及生态环境问题和劳动者的生命健康问题。马克思曾引述1848年10月31日的一份工厂视察员报告，报告中讲道：

> 在这些敦厚善良的父母们的子女做工的麻纺厂里，空气中充满着原料的尘埃和纤维碎屑，即使只在纺纱车间待上10分钟，也会感到非常难受，因为眼睛、耳朵、鼻孔、嘴巴里会立刻塞满亚麻的碎屑，根本无法躲避，这不能不使你感到极度的痛苦。③

这正是资本家为了节约成本，而造成的对工人正常生产和生活条件掠夺的必然结果。正如马克思所指出的，"这种节约在资本手中却同

---

① 赵聪聪：《马克思的生态观与新时代美丽中国建设》，《刊授党校》2018年第5期。
② 《马克思恩格斯文集》第5卷，人民出版社2009年版，第714页。
③ 《马克思恩格斯文集》第5卷，人民出版社2009年版，第263页。

第二章
马克思主义的价值理想与自强不息的契合性

时变成了对工人在劳动时的生活条件系统的掠夺,也就是对空间、空气、阳光以及对保护工人在生产过程中安全和健康的设备系统的掠夺"①。

除了对劳动者的生命健康造成危害,资本的这种"节约"和无限扩张,也造成了对自然资源的浪费。马克思还揭示了资本增殖和扩张的无限性同自然资源和社会需求有限性之间的矛盾,指出资产阶级势必会通过鼓动社会过火的、迅速更替的消费时尚,甚至通过周期性的经济危机来暂时缓解矛盾。但是,由此造成的过度的生产、生活消费对于自然资源,特别是对于不可再生资源的大量破坏和浪费,致使整个世界的可持续发展都难以为继。在马克思看来,共产主义社会是生态平衡、公正和谐、持续发展的社会,只有在共产主义社会中,人与自然的关系才能达到一种和谐共生的状态。

总的来讲,马克思主义生态观在实践层面所提倡的是人与自然之间双赢,而不是零和的关系形态。在这里,双赢意味着对自然生态的保护与社会经济发展的共同进步,体现了一种与自然进行对话和交流的实践态度。②

---

① 《马克思恩格斯文集》第 5 卷,人民出版社 2009 年版,第 491 页。
② 栾淳钰:《马克思主义生态观与人民美好生活》,《光明日报》2019 年 5 月 23 日第 6 版。

03

第三章

中国共产党对自强不息的实践探索

第三章
中国共产党对自强不息的实践探索

自强不息是中国共产党人的优良传统。中国共产党和中国人民是在不屈不挠的斗争中成长起来的。在百余年奋斗历程中,党独立自主、奋勇拼搏、开拓创新,带领中国人民战胜各种艰难险阻,将中华民族伟大复兴的事业不断推向前进。

习近平总书记指出:"一个民族之所以伟大,根本就在于在任何困难和风险面前都从来不放弃、不退缩、不止步,百折不挠为自己的前途命运而奋斗。"[1]自强不息是中华民族精神的重要内容,是我们在前进道路上生生不息的内在精神动力。对于个体而言,自强不息是追求强大的主观意愿和行为;对于国家而言,自强不息是中华民族追求独立自主、摆脱积贫积弱、不断开拓创新的主观意志和行为。

在新民主主义革命时期,自强不息的民族精神体现为中国共产党团结带领全国各族人民浴血奋战、百折不挠,以无畏、自强的革命精神推动中国革命事业取得胜利,彻底结束了极少数剥削者统治广大劳动人民的历史,彻底结束了旧中国半殖民地半封建社会的历史,彻底结束了旧中国一盘散沙的局面,彻底废除了列强强加给中国的不平等条约和帝国主义在中国的一切特权,实现了中国从几千

---

[1] 习近平:《在全国抗击新冠肺炎疫情表彰大会上的讲话》,《人民日报》2020年9月9日第2版。

读懂自强不息

年封建专制政治向人民民主的伟大飞跃，实现了中国高度统一和各民族空前团结。中国人民从此站起来了，中国人民从此把命运牢牢掌握在自己手中，成为国家、社会和自己命运的主人，中华民族发展进步从此开启了新纪元。中国共产党是在近代中国社会的剧烈运动以及中国人民反帝反封建的自强不息的斗争中应运而生的。以马克思主义为指导的中国共产党一经成立，就发扬自强不息的精神，团结带领中国人民进行艰苦卓绝的英勇斗争。大革命失败后，面对国民党反动派的血腥屠杀，中国共产党和中国人民并没有被吓倒、被征服。南昌起义打响了武装反抗国民党反动派的第一枪。在1927年8月7日召开的八七会议上，毛泽东提出了"须知政权是由枪杆子中取得的"①著名论断。在率领秋收起义部队上井冈山后，以毛泽东同志为主要代表的中国共产党人从中国实际出发，敢闯新路，探索出了农村包围城市、武装夺取政权的革命道路。在长征途中，中国共产党敢于同凶恶的敌人、严酷的外部自然环境、党内顽固的错误路线进行斗争，战胜千难万险，付出巨大牺牲，最终胜利到达陕北，实现了中国共产党和中国革命事业从挫折走向胜利的伟大转折，开启了中国共产党为实现民族独立、人民解放而斗争的新的伟大进军。在抗日战争中，中国共产党作为全民族抗战的中流砥柱，团结带领中国人民以坚定信念进行持久抗战，取得了抗日战争的伟大胜利，向世界展示了天下兴亡、匹夫有责的爱国情怀，视死如归、宁死不屈的民族气节，不畏强暴、血战到底的英雄气概，百折不挠、

---

① 《毛泽东文集》第 1 卷，人民出版社 1993 年版，第 47 页。

第三章
中国共产党对自强不息的实践探索

坚忍不拔的必胜信念。在解放战争中,中国共产党团结领导中国人民以一往无前的英雄气概坚决反对国民党反动派悍然发动的全面内战,取得了解放战争的伟大胜利,彻底推翻了国民党反动政府的统治,完成了争取民族独立、人民解放的新民主主义革命任务。

在社会主义革命和建设时期,自强不息的民族精神体现为中国共产党带领中国人民自力更生、发愤图强,消灭一切剥削人、压迫人的旧制度,确立社会主义基本制度,推进社会主义建设,完成了中华民族有史以来最为广泛而深刻的社会变革。新中国成立之初,面对复杂形势和严峻考验,中国共产党团结带领中国人民以毫不妥协的敢于斗争精神迎接挑战,开启了社会主义建设新征程。我们党团结带领中国人民开展了镇压反革命运动,坚决彻底地肃清了国民党反动派的残余武装力量;废除了封建土地制度,巩固了新生的人民政权;面对极为困难的财政经济状况,党精心领导了稳定物价和统一财经的重大斗争;面对以美国为首的"联合国军",党作出抗美援朝、保家卫国的历史性决策,派遣中国人民志愿军入朝作战,并以抗美援朝战争的伟大胜利向世界庄严宣告:"西方侵略者几百年来只要在东方一个海岸上架起几尊大炮就可霸占一个国家的时代是一去不复返了,今天的任何帝国主义的侵略都是可以依靠人民的力量击败的。"[①] 国民经济恢复之后,党领导人民继续前进,提出了党在过渡时期的总路线,进行社会主义改造,在中国大地上建立起社会主义基本制度。从此,党面临的根本任务就是团结带领全国各族人

---

① 《建国以来重要文献选编》第 4 册,中央文献出版社 2011 年版,第 327 页。

读懂自强不息

民在新确立的社会主义制度的基础上，大力发展社会生产力，为实现国家富强和人民幸福而不断奋斗。中国共产党领导人民战胜经济建设中缺资金、缺技术、缺人才等难题和挑战，坚持独立自主建立起比较完整的工业体系和国民经济体系，历尽千辛万苦成功研制出"两弹一星"等国之重器，有效维护了国家主权和安全，使中国成为世界上具有重要影响力的大国。

改革开放和社会主义现代化建设新时期，自强不息的民族精神体现为中国共产党团结带领中国人民解放思想、锐意进取，极大解放和发展了社会生产力，极大增强了社会发展活力，人民生活显著改善，综合国力显著增强，使中国真正赶上了时代，实现了从高度集中的计划经济体制到充满活力的社会主义市场经济体制、从封闭半封闭到全方位开放的历史性转变，实现了从生产力相对落后的状态到经济总量跃居世界第二的历史性突破，实现了人民生活从温饱不足到总体小康、奔向全面小康的历史性跨越。中国共产党以自强不息的精神打破"两个凡是"的思想桎梏，推动思想大解放，召开党的十一届三中全会，实现新中国成立以来党的历史上具有深远意义的伟大转折。在推进改革开放不断前进的过程中，中国共产党团结带领人民以"杀出一条血路"的气魄，敢闯敢试，勇往直前，既敢于冲破思想观念的束缚，又敢于突破利益固化的藩篱，既不走封闭僵化的老路，也不走改旗易帜的邪路，开辟出一条推进社会主义现代化的崭新道路，把改革开放事业不断推向前进。在经济领域，"价格闯关"、打破国企"铁饭碗"等市场化改革攻坚举措，充分

第三章
中国共产党对自强不息的实践探索

体现了党不甘落后、奋勇前行的魄力和胆略。在意识形态领域,中国共产党坚决反对一切"左"的和右的错误倾向,确保改革开放沿着正确方向前进。在国际领域,中国共产党没有被以美国为首的一些西方国家的和平演变战略和它们实施的一系列制裁封锁措施吓倒,为改革开放和社会主义现代化建设赢得了有利的国际环境。此时期,中国共产党团结带领全国各族人民取得了抗洪抢险、抗击非典、抗震救灾等一系列斗争的胜利,充分彰显了中国共产党人的勇气与智慧。

第一节　新民主主义革命时期对自强不息的实践探索

新民主主义革命时期，中国共产党围绕争取民族独立、人民解放的中心任务，团结带领全国各族人民顽强拼搏、攻坚克难，充分彰显了自强不息的精神力量。我们党正确分析中国社会的性质，坚持独立自主的路线方针，推翻了三座大山，开启了中华民族自立自强的新篇章。

大革命失败后，毛泽东带领起义军来到井冈山，创建井冈山革命根据地，点燃了工农武装割据的星星之火，为中国革命探索出农村包围城市、武装夺取政权这样一条前人没有走过的正确道路。第五次反"围剿"失败后，在中国革命和中华民族的危急关头，党毅然领导红军进行长征，打破反动派的围追堵截、克服严酷的自然环境、纠正组织和道路上的错误，战胜千难万险，实现了由挫折到胜利的历史转折。抗日战争时期，毛泽东正确分析国内外条件，批驳了"亡国论"和"速胜论"，提出"兵民是胜利之本""抗日战争是持久战，最后胜利是中国的"的重要论断。在以毛泽东同志为主要代表的中国共产党人的坚强领导下，我们党改革军队、发动群众、

第三章
中国共产党对自强不息的实践探索

推动全民族抗战,坚持斗争,取得以弱胜强的伟大胜利。解放战争时期,面对国民党反动派悍然发动的全面内战,党领导广大军民逐步由积极防御转向战略进攻,打赢辽沈、淮海、平津三大战役和渡江战役,取得了新民主主义革命的最终胜利。

一、星星之火,可以燎原

中国共产党自诞生之日起,就始终坚定共产主义事业必胜的信念,将马克思主义的斗争品格与中华民族的奋斗精神荟萃交融,将为中国人民谋幸福、为中华民族谋复兴确立为自己的初心使命。中国共产党能够由小到大,由弱到强,从苦难走向辉煌,历经百年风雨依然风华正茂,正是因为党在任何困难和风险面前都从来不放弃、不退缩、不让步,百折不挠为自己的前途命运而奋斗。

1927年4月12日,蒋介石在上海发动反革命政变,中国革命陷入低潮,但"中国共产党和中国人民并没有被吓倒,被征服,被杀绝。他们从地下爬起来,揩干净身上的血迹,掩埋好同志的尸首,他们又继续战斗了"[①]。在严酷的斗争和血的教训中,党深刻认识到,没有革命的武装就无法战胜武装的反革命,先后发动南昌起义、秋收起义、广州起义等。

南昌起义军南下广东失利后,朱德、陈毅率领起义余部

---

① 《毛泽东选集》第3卷,人民出版社1991年版,第1036页。

读懂自强不息

  1000 余人转战安远天心圩宿营。第二天清晨,部队只剩下 800 多人,团以上干部仅 3 人,军心不稳,部队面临溃散的危险。在这种严峻的情况下,起义军余部召开全体军人大会。朱德鼓励将士们说:1927 年的中国革命,等于 1905 年的俄国革命。俄国在 1905 年革命失败后,是黑暗的,但黑暗是暂时的,到 1917 年革命终于成功了。中国革命现在失败了,现在也是黑暗的。但是黑暗同样遮不住光明。只要我们保存实力,革命就有办法,革命就能成功。

这生动体现了中国共产党坚定理想信念,在风险和挑战面前,始终自强不息,顽强奋斗。

  面对秋收起义攻打城市失利、部队士气低落的情况,毛泽东在文家市里仁学校操场对全体指战员说,总有一天,我们这块小石头一定要打烂蒋介石那口大水缸![1] 如果没有坚定不移的斗争精神,怎能保留革命火种、星火燎原?在文家市召开的前委会议上,毛泽东决定到敌人统治力量薄弱的农村山区寻找落脚点。1927 年 9 月 29 日,毛泽东领导起义军在江西永新县三湾村进行了著名的三湾改编,由此开始改变起义军中旧军队的习气和不良风气,从组织上确立了党对军队的领导。三湾改编后,毛泽东带领起义军首先来到井冈山,全力进行边界党、军队和政权的建设。1927 年 11 月,湘赣边界第一个红色政权——茶陵县工农兵政府成立。1928 年 2 月中旬,打破

---

[1] 周燕虎、宗华:《敢于斗争 敢于胜利》,《解放军报》2021 年 7 月 12 日第 6 版。

了江西国民党军队对井冈山地区的进攻,井冈山根据地得以初步建立。1928年4月下旬,朱德、陈毅率领南昌起义保留下来的部队和湘南起义农军陆续转移到井冈山地区,与毛泽东领导的部队会师,成立工农革命军第四军(后改称"工农红军第四军"),朱德任军长,毛泽东任党代表和军委书记。井冈山根据地的建立,点燃了工农武装割据的星星之火,为中国革命开辟出农村包围城市、武装夺取政权这样一条前人没有走过的正确道路。

1928年6月,在莫斯科举行的中国共产党第六次全国代表大会上,与会代表肯定了农村革命根据地和红军的重要作用,确定以争取群众作为党的首要任务,并把"左"倾作为主要危险来反对。这是党的工作方针的重要转变。1928年10月和11月,毛泽东分别写下《中国的红色政权为什么能够存在?》和《井冈山的斗争》两篇文章,深刻论证了红色政权能够长期存在并发展的主客观条件,提出了工农武装割据的思想。1929年9月,中共中央在给红四军前委的指示信(九月来信)中指出:"先有农村红军,后有城市政权,这是中国革命的特征,这是中国经济基础的产物。"[①] 总结了红四军及各地红军的斗争经验,说明了红军在中国革命中的重要地位和作用。

1929年12月,红四军党的第九次代表大会(古田会议)在福建上杭县古田召开。大会根据中央九月来信精神,通过毛泽东起草的古田会议决议,其中最重要的是关于纠正党内错误思想的决议案,

---

① 《建党以来重要文献选编》第6册,中央文献出版社2011年版,第512页。

确立了思想建党、政治建军原则。在党的建设方面，决议深刻阐述加强党的思想建设的极端重要性，指明党内各种非无产阶级思想的表现、来源及纠正办法。在军队建设方面，决议规定红军是一个执行革命的政治任务的武装集团，必须绝对服从党的领导，必须全心全意为党的纲领、路线和政策而奋斗；提出红军必须担负起打仗、筹款和做群众工作的任务，同时必须加强红军政治工作。古田会议决议是中国共产党和红军建设的纲领性文献，是党和人民军队建设史上的重要里程碑。古田会议确立了马克思主义建党建军原则，创造性地解决了在农村环境中、在党组织和军队以农民为主要成分的条件下，如何保持党的无产阶级先锋队性质和建设党领导的新型人民军队的重大问题。

在半殖民地半封建的中国，在大革命遭到失败、敌我力量对比悬殊的情况下，中国共产党人沿着一条独特的道路，引导中国革命走向复兴并逐步赢得胜利，这就是农村包围城市、武装夺取政权的道路。这是一条符合中国实际的正确革命道路，是在党领导人民的集体奋斗中开辟出来的。此时期留下了井冈山精神这一宝贵的精神财富。井冈山精神最重要的方面就是坚定信念、艰苦奋斗，实事求是、敢创新路，依靠群众、勇于胜利，井冈山精神生动展现了中华民族自强不息的民族品格。

二、铸就伟大长征精神

中国革命的发展并不是一帆风顺的。虽然局势有所好转,但共产国际的错误指导,使中国共产党党内的"左"倾急性病又逐渐发展起来。"左"倾错误进一步发展的恶果,是第五次反"围剿"的失败。1934年4月广昌失守后,中央红军在根据地内粉碎国民党军队的第五次"围剿"已极少可能。同年9月,国民党军队加紧对中央革命根据地腹地发动进攻,红军已无在原地扭转战局的可能。10月,中共中央、中革军委率中央红军主力8.6万多人,踏上战略转移的漫漫征程,开始了世界历史上前所未有的壮举。

1934年10月,红六军团离开广西后的第76天,博古、李德指挥中央红军踏上战略转移的征途,向西南方向突围,沿着红六军团的行军路线行军。出发时,由于中心思想不明确,采取"搬家式"转移,部队携带大量辎重,导致行军速度缓慢,给蒋介石提供了布置三道"钢铁封锁线"的时间。中央红军连破两道封锁线,蒋介石未能判断出红军的行动方向,当红军突破第三道封锁线时,蒋介石判明了中央红军突围的真实意图,即沿着红六军团走过的路线,经广西北部的全州、兴安渡过湘江,与贺龙、萧克的红二、红六军团会合。一方面,蒋介石担心三支红军会合后重建根据地,使湘鄂川黔苏区连成一个整体,形成更大区域;另一方面,他确信此时的红军"流徙千里,四面受制,下山猛虎,不难就擒",于是召集幕僚制订新的围歼计划,构筑第四道封锁线,即依托湘江天然屏障,调集中央军和湘军,联合粤、桂两军,协力包围红军于湘、漓两水以东,形成一个口袋阵,然后自西向东收缩,扎紧口袋,迫使红军进行决战。在蒋介石的授意下,"追缴军"总司令何键先后调集中央军8个师、湘军7个师、粤军6个师、桂军5个师共26个师及部分独立团近30万兵力,参与湘江战役。①

1934年11月25日,中共中央和红军总政治部向全军发出《关于野战军进行突破敌人第四道封锁线战役渡过湘江的政治命令》,对即将到来的湘江战役进行战前动员,要求"最大限度地提高全体红色军人的战斗精神、顽强抗战及其坚决性"。军委下达命令几小时后,红军总部已经掌握湘江防线空虚情况,也知道了何键率部再度封锁湘江的消息。在危急关头,本应全军精简辎重,迅速通过湘江,但是军委没有根据新敌情作出最新部署,仍旧按照四路进军计划,辎重压身的红军行军速度本就缓慢,通往关口的便道又是崎岖狭窄的羊肠小道,更加举步维艰。第三纵队终因山道不通受阻,不得不改变原计划路线。如此行军,直到11月27日,四路进军才终于改变了不利局面,形成了红一军团为右翼,红三军团为左翼,红五军团仍为后卫,直驱湘江的态势。但这一折腾,多耗费了两天的宝贵时间,战机稍纵即逝,形势骤然吃紧,敌人已经形成南北两方夹攻、东西一尾一头追堵、三面包围红军的态势。此时,红军要想渡过湘江,只有全力撕开血网,杀出血路。11月27日上午,红二师第四

---

① 郑晓卉、吴兴河:《湘江战役:事关中国革命生死存亡的重要历史事件》,《学习时报》2021年6月4日第5版。

第三章
中国共产党对自强不息的实践探索

团团长耿飚、政委杨成武率团部渡过湘江,抢占湘江界首渡口,成为第一支整建制渡过湘江的红军部队。进入界首后,耿飚、杨成武一边勘察敌情,一边发动群众,群众很快消除了畏惧感,纷纷帮助红军架设浮桥。紧接着,红一军团的第二、第六团也渡过湘江,抢占和控制了界首以北至全州段湘江的所有渡口。蒋介石得知湘江无兵防守的情况后,大为震怒。11月28日,蒋介石发电严令桂、湘两军按原计划,夹击已过河红军,堵击未过河红军。在蒋介石的催令下,三面四方之敌,再次联手锁牢并收紧湘江血网,欲把湘江变成红军的覆没之地。[1]

在敌人压缩包围圈时,一方面,红一、红三军团的前卫师已经占领界首到屏山的所有渡口,军委纵队也已经入关,离湘江只有55公里;但另一方面,红军队伍拉得过长,前锋已经过湘江,而红八、红九军团落在其后,前后相距达100公里。28日下午,军委发布命令,要求所有军委纵队和所有战斗部队,到11月30日全部渡过湘江。然而,"左"倾领导者没有果断让部队抛弃辎重,辎重压身的红军不仅行动受限,作战也遇到极大困难,平均每天行程不到28公里,军委纵队28日已经到达文市,30日拂晓才到达界首渡口。这导致后面急速入关的红八、红九军团和后卫红五军团无法及时过江,担任两翼掩护的红一、红三和后卫阻击的红五军团,不得不付出惨重的代价。新圩、光华铺、脚山铺是我军两翼为掩护军委纵队和后

---

[1] 郑晓卉、吴兴河:《湘江战役:事关中国革命生死存亡的重要历史事件》,《学习时报》2021年6月4日第5版。

读懂自强不息

续部队抢渡湘江，全力阻击敌人的三个主战场。在这三个主战场上，展开了最残酷的合围与突围的较量。①

新圩是通往全州和湘江的必经之路，守住了新圩，就等于掌握了进出湘江的第一道生命线。11月26日，中革军委电令红三团：红五师主力赶到新圩，进占新圩以南至马渡桥。当日下午，红五师就接到军团紧急电令：不惜一切代价，全力支持三天至四天。红五师只有2个团和临时调来的军委直属炮兵营，总兵力3000余人；桂军则是7个团，兵力超过10000人，还有飞机、大炮等装备。红五师由于连续作战，极度疲劳，加上兵力悬殊，师长李天佑认为坚持两三天有把握，四天就难了。27日下午，修建了简易工事。28日上午，两军对接，在排埠江第一轮交手，直打到晚上，进攻的桂军没有攻下一个山头。29日，桂军增加兵力，发动大规模立体进攻，飞机、大炮轮番轰炸，红五师伤亡惨重。面对巨大的牺牲，红五师希望军委纵队快点行动，每走快一步，就会减少很多伤亡。但是，军团仍然要求红五师继续坚守。直到30日下午，红三军团命令红五师把防务工作交给红六师第十八团。红十八团不熟悉地况，匆忙参战，终被敌军重兵包围，顽强阻击至全团阵亡。这场战役，最终牺牲了师参谋长、2个团长和营、连、排大部分指挥员，以伤亡过半的代价，赢得了新圩阻击战的胜利。

光华铺，位于界首南5公里处，向东离湘江2公里，是界首渡

---

① 郑晓卉、吴兴河：《湘江战役：事关中国革命生死存亡的重要历史事件》，《学习时报》2021年6月4日第5版。

第三章
中国共产党对自强不息的实践探索

口的安全屏障。如果光华铺失守,从界首往北的所有湘江渡口又将被桂军控制,后果不堪设想。29日,红十团多次与桂军交火。半夜时分,桂军偷袭而来,又发生猛烈交火,经过激战,桂军大部被歼,红军三营也牺牲不少指战员。天微明时分,军委第一纵队接近渡口,为保护军委纵队安全渡江,又展开激烈战斗,团长沈述清牺牲。得知红十团伤亡400多人,师参谋长杜中美代理团长继续坚守光华铺,两军展开拉锯战,主要山头数次易手。渡口近在咫尺,不能失守,否则没有退路。战斗中,杜中美牺牲。两任团长先后在数小时内捐躯,敌人乘势反扑,不断轰炸。30日下午,光华铺第一道防线失守。第二道防线,由红四团驻守,30日晚上和12月1日,桂军故技重演,偷袭第二道防线。12月1日拂晓,从新圩阻击战撤下来的红五师十四、十五团赶来,与30日晚赶到的十三团会合,一直坚持到12月1日下午才撤离。光华铺阻击战,红三军团挡住了桂军4个团的进攻,仅红四师就牺牲了1000多人,其中红十团的第三营伤亡过半,以惨重的代价最终完成了保护界首渡口安全、阻击桂军北上会合湘军封锁湘江的艰巨任务。

脚山铺,北距全州16公里,东距屏山渡2公里,南距大坪渡口14公里,西南距界首渡口25公里。若敌人过了脚山铺,就可能直驱湘江,彻底锁死血网。为保证军委纵队和各军团渡过湘江,红一军团第二师及第一师1个团在脚山铺构筑工事,阻击南下封锁湘江的湘军。29日早上,湘军向红一军团发起进攻。湘军是4个师加1个团,红一军团只有4个团,阻击任务十分艰巨。30日拂晓前,连续

读懂自强不息

急行军 100 多公里的红一师 2 个团赶到脚山铺即投入战斗。阻击战异常惨烈，红四团政委杨成武负重伤倒在路边；红五团政委易荡平受重伤后不愿做俘虏，举枪自尽。30 日晚，为免遭敌人包围，红一军团退守组织第二道阻击线。当夜，红军三分之二的部队还未过江，而敌人的口袋愈收愈紧。12 月 1 日拂晓，红一军团的 2 个主力师在第二道阻击阵地与湘军厮杀。一股湘军一直打到红一军团指挥所门口几十米的地方。脚山铺阻击战是湘江战役中投入兵力最多、伤亡最惨重的一场血战，红一军团一、二师与湘军激战三天三夜，以自己的血肉之躯，筑起了军委纵队和后续部队抢渡湘江的生命通道。

经过 28 日至 30 日的左、右两翼阻击战，红军以巨大代价保证了军委纵队得以顺利过江。但是，形势仍然很严峻，至 12 月 1 日凌晨，按照军委渡江令，只有军委纵队和打掩护的前锋部队过了江，尚未过江的还有 8 个师。南下的湘军源源不断，他们力图封锁湘江渡口。如果不堵住南北夹击的湘、桂军，江东的红军将无法过江，红军可能被截成两截。竭力保住湘江渡口，保护江东红军抢渡湘江，除此之外，别无选择。军委连发两道电令，其中一道电令明令："我们不为胜利者，即为战败者。"生死存亡，在此一战。

军委两道电令，极大鼓舞了江东将士的斗志。12 月 1 日，左翼防线，红三军团在界首渡口节节抗击桂军；右翼防线，红一军团在脚山铺拼死抵挡湘军；后卫红三十四军在枫树脚拖住桂军。面对疯狂的敌人，红军将士拼死搏杀，用生命为江东部队赢得了抢渡的宝贵时间。江东红军为了两翼部队减少伤亡，以顽强意志拼死赶往湘

第三章
中国共产党对自强不息的实践探索

江,展开惊心动魄的抢渡。敌机来回不断轰炸、扫射,抢渡路途、涉渡江面成了血腥屠场。湘江两岸,红军的鲜血溅满了岸边的石头,染红了一江碧水,八角帽顺江漂流……见者无不为之哀戚,为之动容。[①] 当地百姓中流传着这样一句话"三年不饮湘江水,十年不食湘江鱼",可见湘江战役之惨烈。2021年4月25日,习近平总书记在红军长征湘江战役纪念园参观时指出,红军将士视死如归、向死而生、一往无前、敢于压倒一切困难而不被任何困难所压倒的崇高精神,永远值得我们铭记和发扬。[②]

在强渡湘江后,红军从长征出发时的8.6万人锐减至3万多人。湘江战役后,党内对中央红军的前进方向,一直进行着激烈的争论。1934年12月,根据毛泽东的建议,改向贵州北部进军。1935年1月7日,红军攻克黔北重镇遵义。1935年1月,党中央在遵义召开政治局扩大会议,即遵义会议,集中解决当时具有决定意义的军事和组织问题。遵义会议是党的历史上一个生死攸关的转折点。这次会议事实上确立了毛泽东在党中央和红军的领导地位,开始确立以毛泽东为主要代表的马克思主义正确路线在党中央的领导地位,开始形成以毛泽东为核心的第一代中央领导集体,开启了中国共产党独立自主解决中国革命实际问题的新阶段。遵义会议后,中央红军采取灵活机动的战略战术,四渡赤水河,巧渡金沙江,摆脱

---

① 郑晓卉、吴兴河:《湘江战役:事关中国革命生死存亡的重要历史事件》,《学习时报》2021年6月4日第5版。
② 《解放思想深化改革凝心聚力担当实干 建设新时代中国特色社会主义壮美广西》,《人民日报》2021年4月28日第1版。

了数十万国民党军队的围追堵截，取得了战略转移中具有决定意义的胜利。中央红军渡过金沙江后，继续北上。强渡大渡河，飞夺泸定桥，翻越终年积雪的夹金山。1935年6月，中央红军抵达四川懋功地区，与红四方面军会师。9月12日，中央政治局召开扩大会议，通过关于张国焘错误的决定，并将北上红军改称"陕甘支队"。10月19日，陕甘支队到达陕北吴起镇。至此，中央红军主力行程二万五千里、纵横11个省的长征胜利结束。

长征的胜利，是中国革命转危为安的关键。毛泽东曾形象地指出："长征是历史纪录上的第一次，长征是宣言书，长征是宣传队，长征是播种机。"[1] 长征铸就了伟大的长征精神。长征精神为中国革命不断从胜利走向胜利提供了强大精神动力。习近平总书记指出："长征的胜利，是中国共产党人理想的胜利，是中国共产党人信念的胜利。""长征的胜利，靠的是红军将士压倒一切敌人而不被任何敌人所压倒、征服一切困难而不被任何困难所征服的英雄气概和革命精神。"[2]

三、全民族抗日战争的中流砥柱

20世纪30年代，意大利、德国和日本先后确立法西斯统治，成

---

[1]《毛泽东选集》第1卷，人民出版社1991年版，第149—150页。
[2] 习近平：《在纪念红军长征胜利80周年大会上的讲话》，《人民日报》2016年10月22日第2版。

第三章
中国共产党对自强不息的实践探索

为欧洲和亚洲的战争策源地。日本军国主义势力为实现征服中国、称霸亚洲和世界的目的，悍然发动企图灭亡中国的侵略战争。中华民族到了最危险的时刻。面对亡国灭种的危险，中国人民迅猛觉醒，爱国主义精神空前高涨。爱国主义是我们民族精神的核心，是中国人民和中华民族同心同德、自强不息的精神纽带，是激励中国人民维护民族独立和民族尊严、在历史洪流中奋勇向前的强大精神动力，是驱动中华民族这艘航船乘风破浪、奋勇前行的强劲引擎，是引领中国人民和中华民族迸发出排山倒海的历史伟力、战胜前进道路上一切艰难险阻的壮丽旗帜。在国家和民族生死存亡的危急关头，全体中华儿女众志成城、同仇敌忾、不屈不挠、浴血奋战，为民族独立、人民解放、人类正义而战，凝聚起抵御外侮、救亡图存的共同意志，全国上下用血肉筑起一座抵御日本侵略者的钢铁长城，天下兴亡、匹夫有责成为时代最强音。

九一八事变后，中国人民在白山黑水间奋起抵抗，成为中国人民抗日战争的起点，揭开了世界反法西斯战争的序幕。在民族危亡的严重关头，中国共产党率先举起武装抗日的旗帜，与国民党当局的不抵抗政策形成鲜明对照。1931年9月20日，中共中央发表《中国共产党为日本帝国主义强暴占领东三省事件宣言》，响亮提出："反对日本帝国主义强占东三省！"[①] 号召全国人民动员起来，武装起来，反对日本侵略和国民党的反动统治。中共中央先后派周保中、赵一曼等到东北，加强中共满洲省委及各级地方党组织的领

---

① 《建党以来重要文献选编》第8册，中央文献出版社2011年版，第549页。

导力量。中共满洲省委及各地党组织也派出大批党员干部到抗日义勇军中工作。从1933年9月起，中共满洲省委把党领导的各抗日游击队相继改编为东北人民革命军；1936年2月，东北人民革命军和党领导或影响的各抗日游击队相继改编为东北抗日联军。①

东北抗日联军的抗日斗争有四个显著特点。一是时间最久，长达14年。二是面对的敌人十分强大，日本关东军最多时达76万人，日伪军"讨伐"残酷、手段残忍，制造"无人区"，建立"集团部落"。三是自然条件十分恶劣，吃穿住行困难很大，冬季气温常在零下40摄氏度左右，积雪常在1米深左右，战士们备受"火烤胸前暖，风吹背后寒"之苦；夏季常是大雨滂沱，蚊虫成阵，战士们又饱尝"湿衣溃足气喘难，蚊叮虫咬痕斑斑"之苦。四是东北抗日联军孤悬敌后，外无援军，可以说是独立苦战。②

在严峻考验面前，以杨靖宇、魏拯民、赵尚志、周保中、李兆麟、冯仲云、赵一曼等为代表的中国共产党人和广大东北抗日联军指战员，忠贞不贰，信念坚定，用鲜血和生命铸就了伟大的革命精神。杨靖宇对党忠诚，心中有党，两次组织西征；赵尚志历经磨难，仍坚定忠于党，直至牺牲；周保中与苏方据理力争，保持了党和军队的独立；赵一曼遍尝各种酷刑，仍然保守党的秘密。中国共产党领导的东北抗日武装付出了巨大牺牲。据统计，东北义勇军和东北

---

① 安柏阳、陈玉博、石良玉：《白山黑水铸英魂》，《解放军报》2021年10月27日第5版。
② 刘信君：《东北抗联精神 抗日救亡勇赴国难》，《中国教育报》2021年7月15日第6版。

第三章
中国共产党对自强不息的实践探索

抗日联军伤亡33万余人,东北人民军及东北抗日联军师以上干部100余人英勇牺牲,其中军以上干部达38人。此外,还涌现出"花样女儿辞花去,身为人母舍身绝"的"八女投江"英雄群体,"不惜捐躯为革命,但愿失土早归回"的"十二烈士",等等。[①] 他们向世界展示了中国共产党人视死如归、宁死不屈的民族气节。

日本帝国主义在侵占东三省后,又将侵略的魔爪伸向华北。面对亡国灭种的危险,中国共产党从民族大义出发,全力促成西安事变和平解决,努力推动形成近代以来不曾有的全民族团结抗战新局面,掀起了全民族同仇敌忾、奋起抗战的浪潮。

为了凝聚国内外抗日力量,坚定必胜决心,以毛泽东同志为主要代表的中国共产党人决定全面、系统、深刻地总结抗战以来的经验,回应全国人民对抗战前途的关切。1938年5月底6月初,毛泽东以《论持久战》为题,发表了热情洋溢的长篇讲演,有力批驳了"亡国论""速胜论"等错误观点,系统阐明了党的抗日持久战战略总方针。毛泽东分析了战争双方存在着的互相矛盾的四个基本特点:日本是帝国主义强国,中国是半殖民地半封建弱国;日本的侵略战争是退步的、野蛮的,中国的反侵略战争是进步的、正义的;日本是个小国,经不起长期战争,中国是个大国,能够支持长期战争;日本的非正义战争失道寡助,中国的正义战争得道多助。进而指出:第一个特点决定了日本的进攻能在中国横行一时,中国不能

---

① 刘信君:《东北抗联精神 抗日救亡勇赴国难》,《中国教育报》2021年7月15日第6版。

速胜；后三个特点决定了中国不会亡国，经过长期抗战，最后胜利属于中国。

毛泽东在《论持久战》中科学预见了抗日战争的发展进程，即抗日战争将经过战略防御、战略相持、战略反攻三个阶段。战略相持阶段是关键阶段，是整个战争转变的枢纽。如能坚持抗战，坚持持久抗战和抗日民族统一战线，中国将在这个阶段获得转弱为强的力量。

1938年9月，周恩来作为国民政府军事委员会政治部副部长到武汉视察抗战宣传工作，作了一场关于当前形势与任务的报告，深入阐述了毛泽东《论持久战》的军事思想以及挺进敌后开展游击战的重要性。《论持久战》是中国共产党领导抗日战争的纲领性文献。它不仅指明了必须持久抗战才能取得最后胜利的前景，而且提出了一整套动员人民群众在持久战争中不断削弱敌方的优势、生长自己的力量、以夺取最后胜利的切实可行的办法，极大坚定了全国人民抗战到底的信心与决心。

必胜信念来自对战争形势和敌我实力的科学判断，基于艰苦奋斗、自强不息的顽强意志，源于坚定不移、永不言败的民族自信。毛泽东科学判断抗战形势，作出了持久战的科学论断，统一了全党和全国人民的思想，增强了人们对抗日战争必然胜利的信心，为争取抗日战争的胜利准备了重要的思想条件。1941年太平洋战争爆发后，日本帝国主义把中国作为其资源及兵源供给地，在对国民党政府进行政治诱降的同时，加紧对中国进行掳掠、压榨和控制，尤其

第三章
中国共产党对自强不息的实践探索

对抗日根据地进行了大规模"扫荡"、长期"清剿"和残酷封锁。抗日军民在经济、政治、军事等方面异常艰难。面对缺衣少食、缺枪少炮、缺医少药的艰苦条件，中国共产党领导的陕甘宁边区广泛开展大生产运动，上至党的领袖，下至普通百姓，人人开荒种地、织布做衣，广泛开展劳动竞赛，最终克服了困难。

在抗日战争中，中国共产党作为全民族抗战的中流砥柱，团结带领中国人民以坚定信念进行持久抗战。1945年8月15日，日本天皇裕仁发布《终战诏书》，宣布日本无条件投降。9月2日，日本代表在投降书上签字，侵华日军128万人向中国投降。至此，中国抗日战争胜利结束。

中国人民抗日战争是一场以弱对强的战争，中华民族百折不挠、永不服输的不屈意志在抗战中被空前地激发出来，与武装到牙齿的日本法西斯进行了一次次惊心动魄的殊死较量，面对日本侵略者的炮火勇往直前，面对死亡威胁义无反顾，众志成城、奋勇抗战赢得了伟大胜利，表现出无与伦比的英雄气概。中国人民在抗日战争的壮阔进程中孕育出伟大抗战精神，向世界展示了天下兴亡、匹夫有责的爱国情怀，视死如归、宁死不屈的民族气节，不畏强暴、血战到底的英雄气概，百折不挠、坚忍不拔的必胜信念。伟大抗战精神蕴含着自强不息、威武不屈的民族性格，升华了民族精神，是中华民族弥足珍贵的精神财富。

四、夺取新民主主义革命的伟大胜利

抗日战争胜利后，中国人民热切希望实现和平、民主，建设一个新的中国。基于对和平的真诚愿望和对局势的清醒认识，党中央认为，同国民党进行和平谈判是必要的，应该积极争取和平局面。1945年8月28日，毛泽东一行从延安飞抵重庆。10月10日，国共双方正式签署《政府与中共代表会谈纪要》，即"双十协定"，承认了和平建国的基本方针。但1946年6月，蒋介石撕毁"双十协定"，命国民党重兵围攻以鄂豫边宣化店为中心的中原解放区，挑起全面内战。战争初期，中国共产党面临的形势极为严峻。当时，国民党军队总兵力约430万人；国民党统治区有3.39亿人口，约占全国76%的面积；国民党政府控制着几乎所有大城市和绝大部分铁路交通线。而解放区人民军队的总兵力只有约127万人，装备基本上是缴自日、伪军的步兵武器；解放区的人口约1.36亿，土地面积只约占全国的24%。凭着军事和经济方面的优势，蒋介石声称，这场战争"一定能速战速决"。

面对强敌，中国共产党没有惧怕，清醒估计国内外形势，以坚强决心和大无畏精神，充满自信地向全世界宣告："我们不但必须打败蒋介石，而且能够打败他。"[①] 毛泽东指出：

> 我们必须打败蒋介石，是因为蒋介石发动的战争，是一个

[①]《毛泽东选集》第4卷，人民出版社1991年版，第1245页。

第三章
中国共产党对自强不息的实践探索

在美帝国主义指挥之下的反对中国民族独立和中国人民解放的反革命的战争。……蒋介石军事力量的优势，只是暂时的现象，只是临时起作用的因素；美国帝国主义的援助，也只是临时起作用的因素；蒋介石战争的反人民的性质，人心的向背，则是经常起作用的因素；而在这方面，人民解放军则占着优势。人民解放军的战争所具有的爱国的正义的革命的性质，必然要获得全国人民的拥护。这就是战胜蒋介石的政治基础。[①]

为粉碎国民党的军事进攻，中国共产党制定了各项方针政策。在政治上，坚持党的领导，放手发动群众，团结一切可能团结的力量，建立最广泛的人民民主统一战线。在军事上，实行集中优势兵力、各个歼灭敌人的作战原则和积极防御的方针，以歼灭敌人有生力量为主要目标，而不以保守或夺取城市和地方为主要目标。

1946年6月至10月，国民党军队占领解放区城市153座，解放军则收复城市48座、歼敌30万人。1946年11月至1947年2月，国民党军队占领解放区城市87座，解放军收复和解放城市87座、歼敌41万余人。1947年3月，国民党放弃对解放区的全面进攻，改为对陕北、山东两个解放区的重点进攻计划。经过一年作战，战争形势发生重大变化。1947年7月，国民党军队总兵力已从430万人下降为373万人，其中正规军由200万人下降为150万人；人民解放军的总兵力则由127万人增加为195万人，其中正规军近100万人，武

[①]《毛泽东选集》第4卷，人民出版社1991年版，第1245—1246页。

器装备也得到很大改善。党中央决定不等完全粉碎敌人的战略进攻，立刻转入全国性反攻，以主力打到外线去，将战争引向国民党区域。

1948年秋，人民解放战争进入夺取全国胜利的决定性阶段。这时，人民解放军已由战争开始时的127万人发展到280万人，解放区面积达到235.5万平方公里，拥有1.68亿人口，并且基本完成了土地制度改革，广大农民的革命和生产积极性空前高涨，解放军的后方得到进一步巩固。与此相反，国民党军队则由战争开始时的430万人下降为365万人，其中可用于第一线的兵力仅174万人，而且士气低落，战斗力不强，在军事上不得不放弃"全面防御"而改行"重点防御"。国民党军队已被解放军分割在西北、中原、华东、华北、东北五个战场上，相互间难以取得配合，已经没有完整战线。人民解放军同国民党军队进行战略决战的时机已经成熟。在毛泽东和中央军委的领导和指挥下，在人民群众的热烈支援下，人民解放军连续发动了辽沈、淮海、平津三大战役。

根据毛泽东和中央军委的部署，选择首先在东北展开战略决战。1948年9月12日，林彪、罗荣桓指挥东北野战军主力和地方武装103万人发起辽沈战役，向被分割在锦州、长春、沈阳等孤立地区的55万国民党军发动进攻。战役首先从攻打锦州、封闭国民党军于东北开始。10月14日，东北野战军对锦州发起总攻，经过31小时激战，全歼守敌近9万人。锦州解放促使长春守敌一部分起义，其余全部投降，东北国民党军队向关内的退路被切断。东北野战军攻占锦州后，立即合围并全歼沈阳出援锦州的国民党军廖耀湘兵团。

第三章
中国共产党对自强不息的实践探索

随后,东北野战军乘胜追击,于11月2日解放沈阳、营口。东北全境解放。

1948年11月6日至1949年1月10日,人民解放军发动淮海战役。淮海战役是在以徐州为中心,东起海州、西至商丘、北起临城(今薛城)、南达淮河的广大地区进行的一次大决战。1948年11月16日,党中央决定由刘伯承、陈毅、邓小平、粟裕、谭震林组成以邓小平为书记的总前委,统一指挥华东野战军和中原野战军。人民解放军在作战中采取将敌军重兵集团多次分割、集中优势兵力各个歼灭的办法。1948年11月6日至22日,解放军围歼黄百韬兵团10万人,完成中间突破;11月23日至12月15日,全歼赶来增援的黄维兵团约12万人,并合围杜聿明集团3个兵团约30万人,后歼灭力图突围的孙元良兵团;12月16日至1949年1月10日,歼灭杜聿明剩余2个兵团10个军,生俘杜聿明。至此,淮海战役胜利结束。作为解放战争中具有决定意义的重大战役之一,60万人民解放军之所以能够击败有着优势装备的80万国民党军,与人民群众的支持和帮助有着密不可分的关系。据统计,参与淮海战役后勤保障的民工总数达543万人,相当于每个战斗员身后有9个民工在保障。① 正如陈毅所说:淮海战役的胜利,是人民群众用小车推出来的!

在辽沈战役结束、淮海战役胜利发展之际,东北野战军和华北军区第二、第三兵团以及华北、东北地区地方部队共100万人,联

---

① 丁洋洋、吴佳熹:《淮海战役:人民群众用小车推出来的胜利》,《学习时报》2022年6月20日第6版。

合发起了平津战役。1949年1月10日，党中央决定成立由林彪、罗荣桓、聂荣臻三人组成以林彪为书记的平津前线总前委。天津守敌拒绝和平改编后，1月14日，解放军发起总攻，攻克天津；北平20余万守军陷于绝境，在傅作义率领下接受和平改编。1月31日，北平和平解放。

1948年9月至1949年1月，辽沈、淮海、平津三大战役，历时142天，歼灭国民党军队154万余人，国民党赖以维持其反动统治的主要军事力量基本上被摧毁。辽沈、淮海、平津三大战役，无论是战争规模还是取得的战果，在中国战争史上都是空前的，在世界战争史上也是罕见的。三大战役的胜利，是人民战争的伟大胜利。

面对战场上的军事失败，1949年元旦，蒋介石发表"求和"声明，企图借"和平谈判"之机，争取喘息时间，部署长江防线，以便卷土重来。1月14日，毛泽东以中共中央主席的名义发表关于时局的声明，严正指出，为了迅速结束战争，实现真正的和平，减少人民的痛苦，中国共产党愿意在惩办战争罪犯、废除伪宪法和伪法统、改编一切反动军队等八项条件的基础上，同南京国民党政府及国民党地方政府和军事集团进行和平谈判。尽管中国共产党人对蒋介石的假"和谈"不抱任何幻想，但还是为实现国内和平做了最后一次努力。4月1日，以周恩来为首席代表的中共代表团与以张志中为首席代表的国民党政府代表团举行谈判。经反复磋商，4月15日，中共代表团提出《国内和平协定》（最后修正案）。但由于国民党政府拒绝在《国内和平协定》上签字，谈判宣告破裂。4月21

日，毛泽东、朱德发布向全国进军的命令。4月20日夜至21日，人民解放军第二、第三野战军在第四野战军先遣兵团和中原军区部队配合下，发起渡江战役。在西起湖口、东至江阴的千里战线上，百万雄师分三路强渡长江天险，一举摧毁国民党苦心经营了3个半月的长江防线。4月23日，人民解放军占领南京，宣告延续22年之久的国民党反动统治覆灭。随后，人民解放军于5月27日攻占上海，在此前后，解放军分路继续向中南、西北、西南各省胜利大进军，以战斗或和平方式迅速解决残余敌人，解放广大国土。

解放战争的胜利，彻底推翻了国民党反动政府的统治，推翻了帝国主义、封建主义、官僚资本主义三座大山，完成了争取民族独立、人民解放的新民主主义革命任务，为实现中华民族伟大复兴创造了根本社会条件，谱写了中华民族自强不息的宏伟史诗。

第二节　社会主义革命和建设时期对自强不息的实践探索

在社会主义革命和建设时期，面对一穷二白、百废待兴的现状，如何在中国建设社会主义，成为摆在中国共产党人面前的全新课题。

党领导人民战胜政治、经济、军事等方面一系列严峻挑战，肃清国民党反动派残余武装力量和土匪，和平解放西藏，实现祖国大陆完全统一；稳定物价，统一财经工作，完成土地改革，进行社会各方面民主改革，实行男女权利平等，镇压反革命，开展"三反"、"五反"运动，荡涤旧社会留下的污泥浊水，社会面貌焕然一新。中国人民志愿军雄赳赳、气昂昂跨过鸭绿江，同朝鲜人民和军队并肩战斗，战胜武装到牙齿的强敌，打出了国威军威，打出了中国人民的精气神，赢得抗美援朝战争伟大胜利，捍卫了新中国安全，彰显了新中国大国地位。新中国在错综复杂的国内国际环境中站稳了脚跟。这一时期，中华民族自强不息的民族精神主要体现为自力更生、发愤图强的特质。

第三章
中国共产党对自强不息的实践探索

一、巩固新生的人民政权

新中国成立伊始,在党和人民面前,还存在很多亟待解决的困难,面临着很多严峻考验。

军事上,人民解放战争还没有完全结束。国民党还有100多万军队在西南、华南和沿海岛屿负隅顽抗;在新解放区,国民党溃逃时遗留下的大批残余力量,同恶霸势力以及惯匪相勾结,危及社会新秩序的建立和稳定。经济上,新中国继承的是一个千疮百孔的烂摊子,生产萎缩,民生困苦。国民党统治下长期的恶性通货膨胀,造成物价飞涨、投机猖獗。此外,在拥有3亿以上人口的新解放区还没有实行土地改革。封建半封建的土地所有制严重束缚着生产力的发展。国际上,妄图称霸全球的美国在其"扶蒋反共"政策失败后,仍然不肯放弃与中国人民为敌的立场,拒绝承认新中国,并竭力阻挠其他国家承认新中国,阻挠中华人民共和国恢复在联合国的合法席位。对新中国实行政治孤立、经济封锁和军事包围。党自身的队伍也面临着全国执政的新考验。面对艰巨繁重的建设任务,党必须尽快学习经济建设和治理国家的全新本领。更重要的是,在新的条件下,党要继续保持优良传统和作风,经得起资产阶级"糖衣炮弹"的攻击。正如毛泽东在党的七届二中全会上所指出的:

> 敌人的武力是不能征服我们的,这点已经得到证明了。资产阶级的捧场则可能征服我们队伍中的意志薄弱者。可能有这样一

些共产党人，他们是不曾被拿枪的敌人征服过的，他们在这些敌人面前不愧英雄的称号；但是经不起人们用糖衣裹着的炮弹的攻击，他们在糖弹面前要打败仗。我们必须预防这种情况。①

面对能不能保卫住革命胜利成果、能不能战胜严重经济困难、能不能巩固民族独立等紧迫问题，中国共产党采取一系列积极稳健的政策，团结领导全国各族人民满怀信心地迎接挑战，开始了建设新中国的伟大进程，展现出独立自主、不懈奋斗的自强不息精神。

为巩固新生的人民政权，在经济方面，中国共产党精心领导了稳定物价和统一财经的重大斗争，领导广大新解放区进行了废除封建土地制度的改革。

（一）稳定物价和统一财经

中央人民政府成立时，财政经济极为困难。旧社会留下来的畸形发展的投机资本在新解放城市继续兴风作浪，加剧物价上涨。有人甚至扬言：解放军进得了上海，人民币进不了上海。面对极其困难的财政经济状况，党精心领导了稳定物价和统一财经的重大斗争。

彼时，非法买卖银元、外币的投机活动十分猖獗，为制止因投机资本操纵而加剧的市场混乱，党和人民政府采取必要的行政手段和有力的经济措施，成功组织了同投机资本作斗争的"银元之战"。上海、武汉、广州等新解放城市首先进行了取缔银元投机的斗争。

---

① 《毛泽东选集》第4卷，人民出版社1991年版，第1438页。

"银元之战"沉重打击了投机商的非法活动,确保了人民币的法定地位。随后,针对不法投机商大量囤积生活必需品,哄抬物价,扰乱市场的情况,中央人民政府组织了"米棉之战",在全国范围内组织粮食、棉纱、棉布、煤炭的集中调运,保证了市场供应,同时收紧银根,使投机商因资金周转失灵而纷纷破产。经此两大"战役",不法投机资本一蹶不振,国营经济取得稳定市场的主动权。

此外,党和人民政府进行了统一国家财政经济的大量工作,力求做到国家财政收支和市场物资供求的基本平衡。1950年3月,政务院发出《关于统一国家财政经济工作的决定》,决定统一全国财政收入、物资调度、现金管理,并制定了紧缩编制、清理仓库、加强税收、发行公债、节约开支等措施。这些措施收到明显效果,财政收支接近平衡,物价日趋稳定。

稳定物价和统一财经的工作,是新中国成立后在财政经济战线上一个具有重大意义的胜利,为安定人民生活、恢复和发展工农业生产创造了有利条件。

(二)进行土地制度改革

新中国成立时,占全国人口一多半的新解放区尚未完成土地改革,严重阻碍了社会生产力发展。1950年6月30日,中央人民政府公布施行《中华人民共和国土地改革法》(以下简称《土地改革法》)。《土地改革法》总结党过去领导土地改革的经验和教训,又根据新中国成立后的实际情况确定了新政策,出台了保存富农经济、不动中农土地、限制没收地主财产范围等规定，以保护中农和分化地主阶级，减少土地改革阻力，促进生产的恢复和发展。《土地改革法》成为指导新解放区土地改革的基本法律依据。

《土地改革法》颁布后，政务院相继制定和公布实施与之相配套的法规、政策。关于农村阶级成分的划分，具体规定了以经济地位划分为地主、富农、中农、贫农、工人等成分的标准，并明确了"知识分子的阶级出身，依其家庭成分决定，其本人的阶级成分，依本人取得主要生活来源的方法决定"[①]。对小手工业者、自由职业者、手工业资本家、手工业工人、小商小贩、开明士绅的划分以及地主成分的改变等问题，也分别作了规定。此外，党还强调土地改革必须有领导、有计划、有秩序地进行。一方面，新解放区的土地改革仍然是一场阶级斗争，必须贯彻群众路线，依靠贫农、雇农，团结中农，使广大农民充分发动起来，在打倒地主阶级的斗争中提高觉悟，依靠自己的力量实现当家作主。另一方面，对群众运动又不能放任自流，必须把放手发动群众同用党的政策去武装群众、引导群众结合起来。

到1952年底，除一部分少数民族地区外，全国大陆的土地改革基本完成。土地改革的完成，标志着彻底消灭了我国延续了几千年的地主阶级的土地所有制，农民真正成为土地的主人。它从根本上解放了农村生产力，激发了广大农民的政治热情和生产积极性，促进了农业的迅速恢复和发展，为新中国的工业化开辟道路。

---

① 《建国以来重要文献选编》第1册，中央文献出版社2011年版，第345页。

第三章
中国共产党对自强不息的实践探索

二、抗美援朝保家卫国

1950年6月25日，朝鲜内战爆发。美国立即作出武装干涉朝鲜内战的决定，并派遣第七舰队侵入台湾海峡，公然干涉中国内政，阻挠中国的统一大业。10月初，美国不顾中国政府一再警告，悍然越过三八线，把战火烧到中朝边境。美军飞机多次轰炸中国东北边境地区，给人民生命财产造成严重损失，我国安全面临严重威胁。敢不敢、能不能迎战世界上经济实力最雄厚、军事力量最强大的美帝国主义，对于成立仅一年、百废待兴的新中国而言，无疑是巨大的挑战。中共中央政治局多次召开会议，全面估计国内外形势，既清醒地看到面临的困难，又深入地分析出兵作战的必要和可能，加之朝鲜劳动党和朝鲜民主主义人民共和国政府的请求，毅然作出派遣中国人民志愿军入朝作战，抗美援朝、保家卫国的历史性决策。

1950年10月8日，毛泽东发布命令，组建以彭德怀为司令员兼政治委员的中国人民志愿军。19日，志愿军雄赳赳、气昂昂跨过鸭绿江。这是以正义之师行正义之举。抗美援朝战争是在交战双方力量极其悬殊条件下进行的一场现代化战争。当时，中美两国国力相差悬殊。据统计，1950年，美国的工农业总产值为2800亿美元，而中国仅有100亿美元，且美国还拥有原子弹等一系列先进武器。在这样极为艰难的情况下，中国人民志愿军同朝鲜军民密切配合，首战两水洞、激战云山城、会战清川江、鏖战长津湖等，连续进行5次战役，此后又构筑起铜墙铁壁般的纵深防御阵地，实施多次进攻

读懂自强不息

战役,粉碎"绞杀战"、抵御"细菌战"、血战上甘岭,创造了威武雄壮的战争伟业。①

在抗美援朝战争中,英雄的中国人民志愿军始终发扬祖国和人民利益高于一切、为了祖国和民族的尊严而奋不顾身的爱国主义精神,英勇顽强、舍生忘死的革命英雄主义精神,不畏艰难困苦、始终保持高昂士气的革命乐观主义精神,为完成祖国和人民赋予的使命、慷慨奉献自己一切的革命忠诚精神,为了人类和平与正义事业而奋斗的国际主义精神,锻造了伟大抗美援朝精神。志愿军将士面对强大而凶狠的作战对手,身处恶劣而残酷的战场环境,抛头颅、洒热血,以"钢少气多"力克"钢多气少"。他们中涌现出30多万名英雄功臣和近6000个功臣集体。在长津湖战役中,志愿军战士宋阿毛写下"哪怕是冻死,我也要高傲地耸立在我的阵地上"的绝笔诗;杨根思以"人在阵地在"的英雄气概,在弹药耗尽的危急关头,毅然抱起炸药包与敌人同归于尽;黄继光用胸膛堵住枪眼,为战友冲锋开道;邱少云烈火烧身却岿然不动,直至壮烈牺牲;罗盛教跃入冰河,以生命换得朝鲜少年安然无恙……他们用生命谱写了惊天地、泣鬼神的雄壮史诗,被祖国人民称为"最可爱的人"。

在朝鲜战场,上百万志愿军将士为了祖国和人民浴血奋战;在中华大地,刚刚掌握了自己命运的亿万人民群众投入波澜壮阔的抗美援朝运动。各地掀起参战支前热潮,各行各业开展增加生产、厉

---

① 钧政:《铭记抗美援朝伟大胜利 依靠顽强斗争打开事业发展新天地》,《求是》2023年第15期。

第三章
中国共产党对自强不息的实践探索

行节约、爱国丰产等运动,为战争胜利提供了强有力的物质保障和精神力量。经过艰苦卓绝的战斗,中朝军队战胜了武装到牙齿的强敌,打破了美军不可战胜的神话,迫使不可一世的侵略者于1953年7月27日在停战协定上签字。抗美援朝战争以伟大胜利向世界宣告:"西方侵略者几百年来只要在东方一个海岸上架起几尊大炮就可霸占一个国家的时代是一去不复返了,今天的任何帝国主义的侵略都是可以依靠人民的力量击败的。它也雄辩地证明:一个觉醒了的、敢于为祖国光荣、独立和安全而奋起战斗的民族是不可战胜的。"①

抗美援朝战争的伟大胜利,是中国人民站起来后屹立于世界东方的宣言书,是中华民族走向伟大复兴的重要里程碑,对中国和世界都有着重大而深远的意义。这一战,打出了中国人民的精气神,人民军队战斗力威震世界,让全世界对中国刮目相看,充分展示了中国人民不畏强暴的钢铁意志、万众一心的顽强品格、敢打必胜的血性铁骨、维护世界和平的坚定决心,再次证明正义必定战胜强权,和平发展是不可阻挡的历史潮流。

抗美援朝战争锻造的伟大抗美援朝精神,是中国共产党人和人民军队崇高风范的生动写照,是中华民族传统美德和自强不息民族品格的集中展示,是以爱国主义为核心的民族精神的具体体现,是中国共产党人精神谱系的重要组成部分。2020年10月23日,习近平总书记在纪念中国人民志愿军抗美援朝出国作战70周年大会上指出:

---

① 《建国以来重要文献选编》第4册,中央文献出版社2011年版,第327页。

无论时代如何发展，我们都要砥砺不畏强暴、反抗强权的民族风骨。70年前，帝国主义侵略者将战火烧到了新中国的家门口。中国人民深知，对待侵略者，就得用他们听得懂的语言同他们对话，这就是以战止战、以武止戈，用胜利赢得和平、赢得尊重。中国人民不惹事也不怕事，在任何困难和风险面前，腿肚子不会抖，腰杆子不会弯，中华民族是吓不倒、压不垮的！①

三、加快推进国家工业化，确立社会主义制度

（一）社会主义工业化的起步

新中国成立后，党领导全国各族人民开始有步骤地从新民主主义到社会主义的转变。经过三年经济恢复工作之后，1952年底，中共中央提出党在过渡时期的总路线，明确规定：党在这个过渡时期的总路线和总任务，是要在一个相当长的时期内，逐步实现国家的社会主义工业化，并逐步实现国家对农业、对手工业和对资本主义工商业的社会主义改造。这个"一化三改"的总路线，其实质和主要任务是实现国家工业化，而制定切实可行的发展国民经济的中期计划，是完成过渡时期总路线规定的工业化主体任务的重要步骤。

实现国家工业化，是党领导各族人民实现国家独立和富强，使

---

① 习近平：《在纪念中国人民志愿军抗美援朝出国作战70周年大会上的讲话》，《人民日报》2020年10月24日第2版。

中国能够自立于世界民族之林的必由之路。到1952年，我国工业化的起步点仍然很低，现代工业产值在工农业总产值中的比重只有43.1%，重工业在工业总产值中只有35.5%。许多重要工业产品的人均产量，不仅远远落后于工业发达国家，而且低于印度这样的新兴独立国家。毛泽东说过这样一句话："现在我们能造什么？能造桌子椅子，能造茶碗茶壶，能种粮食，还能磨成面粉，还能造纸，但是，一辆汽车、一架飞机、一辆坦克、一辆拖拉机都不能造。"[①] 特别是经过抗美援朝战争后，改变我国工业落后状况的要求显得尤为紧迫。考虑到上述实际情况，党中央作出优先发展重工业的决策，要求首先保证重工业和国防工业的基本建设，特别是确保那些对国家起决定作用的、能迅速增强国家工业基础与国防力量的主要工程的完成。

为准备进行有计划经济建设，我国从1951年着手编制第一个五年计划。"一五"计划在编制和实施过程中，较好地处理了我国经济建设中的几个重大关系，提出集中主要力量发展重工业，同时不放松农业、轻工业，对国民经济各部门统筹兼顾、全面安排；科学进行工业布局，改变我国工业大多集中在沿海地区的不合理状况；根据我国国力，积极稳妥确定工业、农业生产年均增长速度；把发展生产同改善人民生活恰当地结合起来；既要争取外援，同时又强调自力更生，国家建设应以国内力量为主。这些对于后来我国经济建设具有深远的指导意义。新中国几乎每一天都在发生改变。工业建设战线喜报频传。

---

① 《毛泽东文集》第6卷，人民出版社1999年版，第329页。

读懂自强不息

1953年12月,鞍山钢铁公司的三大工程——大型轧钢厂、无缝钢管厂、七号炼铁炉举行开工生产典礼。包头、武汉的大型钢铁企业先后开始施工。限额以上的较大项目,平均每天都有一个开工或竣工。一大批旧中国没有的基础工业部门一个个建立起来,一大批工矿企业在内地兴办。[①]

旧中国重工业过分落后的面貌和不合理布局大大改观。五年间工业生产取得的成就,远远超过了旧中国的一百年。新中国迅速从废墟上站起,为我国建立独立完整的工业体系奠定了基础,为社会主义建设积累了宝贵经验。

(二)社会主义制度的确立

随着第一个五年建设计划的实施和社会主义工业化的起步,随着党在过渡时期总路线的提出和宣传,对农业、手工业和资本主义工商业的社会主义改造,也在有步骤地向前推进。

对农业的社会主义改造,实际上在过渡时期总路线提出前就已启动。1951年9月,党中央制定《关于农业生产互助合作的决议(草案)》,强调互助合作运动要根据生产发展的需要和可能,采取稳步前进的方针,必须贯彻自愿和互利的原则,采取典型示范、逐步推广的方法,引导农民走互助合作的道路。过渡时期总路线公布之后,1953年12月,又通过了《中共中央关于发展农业生产合作社

[①]《中国共产党简史》,人民出版社、中共党史出版社2021年版,第175页。

第三章
中国共产党对自强不息的实践探索

的决议》。农村互助合作运动,就是在这两个决议的指导下稳步前进的。农业合作化运动初期主要是发展农业生产互助组。1953年9月以后,进入以发展农业生产合作社为主的阶段。1953年开始大规模经济建设后,出现农产品供不应求的矛盾,引发粮食价格剧烈波动。经过反复权衡,1953年10月,中共中央作出关于对粮食实行统购统销的决定,接着实行油料的统购和食油的统销。1954年又实行棉花的统购和棉布的统购统销。主要农产品的统购统销,加快了农业社会主义改造的步伐。在1955年7月后,农业合作化形成高潮。到1956年底,农业合作化基本完成。

对个体手工业的社会主义改造,一般经过手工业生产合作小组、手工业供销生产合作社和手工业生产合作社三个阶段,按照不同手工业者容易接受的形式,因地制宜,由低级到高级、由小到大,由简单到复杂地进行。国家坚持贯彻自愿互利原则,力求把合作社办得对生产者、国家和消费者三方面都有利。到1956年底,全国基本实现了手工业合作化。

对资本主义工商业的社会主义改造,是通过国家资本主义途径实现的。在1953年底以前,着重发展以加工订货为主的初级和中级国家资本主义形式。从1954年起,开始转入重点发展公私合营这种高级形式的国家资本主义。由于公私合营后企业生产迅速发展,私股分得的红利大都比私营时期的利润多,促使更多的资本家要求公私合营。1954年底,国务院决定采取"统筹兼顾、归口安排、按行业改造"的方针,以解决公私之间的矛盾;按行业

读懂自强不息

采取以大带小、以先进带落后的办法实行合营,加快了改造私营工业的步伐。到1956年底,资本主义工商业的社会主义改造也基本完成。

在社会主义改造过程中,党创造了一系列适合中国特点的由初级到高级逐步过渡的形式,使个体农民、手工业者和私营工商业者能够循序渐进地改变旧的生产方式。尤其是对资本主义工商业的社会主义改造,创造了不由国家付出大批赎金,而是在相当一段时期让资本家继续从企业分得一部分红利和股息的"赎买"办法,这不仅有利于资本家接受改造,而且能够继续发挥私营工商业在扩大生产、搞活流通、维持就业、增加税收等方面的积极作用。党争取到大多数民族资本家,他们对社会主义改造起了有益的配合作用,从而成功地实现了马克思、列宁曾经设想的对资产阶级的和平赎买。这是中国共产党的一个独创性经验,丰富和发展了马克思主义的科学社会主义理论。

1956年,社会主义改造基本完成,我国社会主义政治制度和经济制度都已确立。至此,我国社会主义制度建立起来了。在党的带领下,中国这个占世界1/4人口的东方大国进入了社会主义社会,成功实现了中国历史上最深刻最伟大的社会变革。这是一个伟大的历史性胜利,为当代中国一切发展进步奠定了根本政治前提和制度基础。

从新中国成立到改革开放前夕,党领导人民完成社会主义革命,消灭一切剥削制度,实现了中华民族有史以来最为广泛而深刻的社会变革，实现了一穷二白、人口众多的东方大国大步迈进社会主义社会的伟大飞跃。此时期，中国共产党团结带领广大中国人民坚持把国家和民族发展放在自己力量的基点上，自力更生、发愤图强，创造了社会主义革命和建设的伟大成就，彰显了中华民族自强不息的伟大精神。

（三）国防科学事业的发展

在新中国波澜壮阔的发展历程中，20世纪五六十年代极不寻常。50年代中期，诞生不久的新中国百废待举，面对国际上严峻的核讹诈、核垄断形势，以毛泽东同志为核心的党的第一代中央领导集体，为了保卫国家安全、维护世界和平，毅然作出发展原子弹、导弹、人造地球卫星，突破国防尖端技术的战略决策。无数科研工作者为之发愤图强、艰苦奋斗，生动体现了中国共产党人自强不息的伟大精神。

1956年，研制导弹、原子弹被列入我国的12年科学技术发展规划。当时，我国的工业和科技基础十分薄弱。尤其是在苏联拒绝向中国提供原子弹教学模型和技术资料并撤走专家后，有人曾断言中国核工业已经遭到毁灭性打击，中国20年也搞不出原子弹。面对技术难题和国际封锁，在党中央的坚强领导下，我国广大科技工作者以惊人的毅力和勇气，取得了"两弹一星"事业的胜利，也孕育形成了伟大的"两弹一星"精神。

为响应国家号召，一大批优秀的科技工作者，包括许多在国外已经有杰出成就的科学家，怀着对新中国的满腔热爱，义无反顾地

读懂自强不息

投身到这一伟大的事业中来。这些科技工作者中,有人们熟悉的钱学森、邓稼先、程开甲、于敏等人。但在当时,他们的工作内容是绝密的,连家人都不能透露,有的人甚至隐姓埋名20余载。

1958年的一个夜晚,接受研制核弹重任的邓稼先告诉妻子:"以后家里的事我就不能管了,我的生命就献给未来的工作了。"从此,在公开场合,邓稼先的名字连同他的身影都不复存在。直到1986年因病临终前,他的身份才得以披露。我国核试验科学技术领头人程开甲举家迁往罗布泊,与家人一直在大西北生活到20世纪80年代。于敏在1961年接到氢弹理论探索的任务后,为了国家需求,隐姓埋名28年……①

他们中,还有大量默默奉献的无名英雄——从事"两弹一星"研制工作的科研和工程人员、管理保障工作者、工人和解放军指战员。他们扎根戈壁荒原,奋战深山峡谷,有的人甚至献出了宝贵的生命,用一生最好的时光,铸就了一座座无言的丰碑。

1964年10月16日,我国第一颗原子弹爆炸成功;1966年10月27日,我国第一颗装有核弹头的地地导弹飞行爆炸成功;1967年6月17日,我国第一颗氢弹空爆试验成功;1970年4月24日,我国第一颗人造地球卫星发射成功。

---

① 《在继承和发扬"两弹一星"精神中勇攀科技高峰》,《人民日报》2021年8月28日第6版。

伟大事业产生伟大精神。在为"两弹一星"事业进行的奋斗中,广大研制工作者培育和发扬了热爱祖国、无私奉献,自力更生、艰苦奋斗,大力协同、勇于攀登的"两弹一星"精神。"两弹一星"科研人员以自强不息的奋斗创造了非凡的人间奇迹,向全世界昭示了中国人民坚不可摧的意志和骨气。

第三节 改革开放和社会主义现代化建设新时期对自强不息的实践探索

在改革开放和社会主义现代化建设新时期，我国通过思想解放和体制机制改革，进一步解放了生产力，激发了市场活力，实现了从高度集中的计划经济体制到充满活力的社会主义市场经济体制、从封闭半封闭到全方位开放的历史性转变，实现了从生产力相对落后的状态到经济总量跃居世界第二的历史性突破，实现了人民生活从温饱不足到总体小康、奔向全面小康的历史性跨越。这一时期，自强不息的民族精神体现出解放思想、锐意进取的特质。

一、打破"两个凡是"枷锁，实现思想解放

邓小平等老一辈革命家反复强调，必须完整准确地理解毛泽东思想，恢复和发扬党的实事求是的优良传统。在他们的启发和鼓舞下，走在拨乱反正斗争前列的一些干部和理论工作者开始酝酿，并就真理标准问题撰写文章，以澄清多年来在这个根本问题上的思想混乱。

第三章
中国共产党对自强不息的实践探索

1978年3月26日,《人民日报》发表一篇题为《标准只有一个》的思想评论,明确提出:"真理的标准,只有一个,就是社会实践。"① 文章发表后,又收到20多封读者来信,大部分对文章的观点持有异议,认为马列主义、毛泽东思想才是检验真理的标准。为此,报社编辑部决定继续组织文章,进一步讲清这个问题。② 1978年4月,《光明日报》编辑部准备将他们早已收到、几经修改的一篇文章《实践是检验真理的标准》,在哲学专刊上发表。该报负责人看到文章清样后,决定委托中央党校理论研究室的同志帮助进一步修改,准备作为重要文章在报纸头版发表。为增强现实针对性,将标题改为《实践是检验真理的唯一标准》,并由胡耀邦审阅定稿。③

1978年5月10日,中央党校内部刊物《理论动态》刊登《实践是检验真理的唯一标准》一文;5月11日,《光明日报》以特约评论员名义公开发表这篇文章,新华社向全国转发。

《实践是检验真理的唯一标准》一文,重申了马克思主义认识论的一个基本原理:社会实践不仅是检验真理的标准,而且是唯一的标准。这篇文章还鲜明提出:马克思主义的理论宝库不是一堆僵死不变的教条,它要在实践中不断增加新的观点、新的结论,抛弃那些不再适合新情况的个别旧观点、旧结论。这篇文章在广大干部

---

① 张成:《标准只有一个》,《人民日报》1978年3月26日第3版。
② 《中国共产党历史第二卷(1949—1978)》下册,中共党史出版社2011年版,第1023页。
③ 《中国共产党历史第二卷(1949—1978)》下册,中共党史出版社2011年版,第1023—1024页。

读懂自强不息

群众中引起强烈反响，引发了一场规模宏大的关于真理标准问题的大讨论。由于"实践是检验真理的唯一标准"的观点同"两个凡是"有着尖锐对立，并且触及盛行多年的思想僵化和个人崇拜，因此这一讨论从一开始就受到一些人的指责。

关键时刻，邓小平给予及时而有力的支持。1978年6月2日，邓小平在全军政治工作会议上着重阐述了毛泽东关于实事求是的观点，批评有些人在对待毛泽东和毛泽东思想问题上的"两个凡是"的错误态度，号召"拨乱反正，打破精神枷锁，使我们的思想来个大解放"[①]。在邓小平的领导和许多老一辈革命家的支持下，一场关于真理标准问题的大讨论迅速在全党全社会展开。中央及省级报刊共刊登讨论文章650多篇，形成了思想解放的滚滚大潮。

这场深刻而广泛的思想解放运动，成为正本清源、拨乱反正和改革开放的思想先导。这场讨论，批判危害多年的极左思潮，恢复党的马克思主义思想路线，反思过去的曲折，思考未来的出路，党内外思想日益活跃，开始出现酝酿对外开放和对各方面体制进行改革的新局面。

1978年12月13日，邓小平在中央工作会议闭幕会上作题为《解放思想，实事求是，团结一致向前看》的重要讲话，指出：

> 一个党，一个国家，一个民族，如果一切从本本出发，思想僵化，迷信盛行，那它就不能前进，它的生机就停止了，就

[①]《邓小平文选》第2卷，人民出版社1994年版，第119页。

要亡党亡国。这是毛泽东同志在整风运动中反复讲过的。只有解放思想,坚持实事求是,一切从实际出发,理论联系实际,我们的社会主义现代化建设才能顺利进行,我们党的马列主义、毛泽东思想的理论才能顺利发展。①

此外,邓小平还在讲话中提出改革经济体制的任务。这篇讲话是解放思想、开辟新时期新道路的宣言书,实际上成为随后召开的党的十一届三中全会的主题报告。

1978年12月18日至22日,党的十一届三中全会在北京召开。全会冲破长期"左"的错误的严重束缚,彻底否定"两个凡是"的错误方针,高度评价关于真理标准问题的讨论,重新确立了党的实事求是的思想路线。全会作出实行改革开放的历史性决策。这一决策是基于对党和国家前途命运的深刻把握,是基于对社会主义革命和建设实践的深刻总结,是基于对时代潮流的深刻洞察,是基于对人民群众期盼和需要的深刻体悟。从这次全会开始,改革开放和开创中国特色社会主义的大幕拉开,邓小平理论也逐步形成和发展起来。

二、改革开放的起步

(一)农村改革率先取得突破

中国是一个农业大国,中国的事情能不能办好,农业的发展状

---

① 《邓小平文选》第2卷,人民出版社1994年版,第143页。

读懂自强不息

况具有决定性意义。

1978年夏秋之际，安徽省遭遇严重旱灾，秋种遇到困难。9月，安徽省委召开紧急会议，大胆作出了"借地度荒"的决定，即把部分土地借给农民种粮种菜，所产粮菜不征购，不计口粮。这一措施很快调动起群众的生产积极性，当年全省超额完成秋种计划。在"借地"的启发下，安徽一些地方的基层干部和农民冲破旧体制的限制，开始包干到组、包产到户。1978年底的一个夜晚，安徽省凤阳县梨园公社小岗生产队的18户村民悄悄聚集开会，签下了大包干"生死状"。小岗村创造的包干到户，就是"保证国家的，留足集体的，剩下都是自己的"。这个办法简便易行，成效显著，受到农民欢迎。四川、甘肃、云南、广东等省份的一些地方也放宽政策，采取了类似做法。这些大胆尝试，揭开了农村经济改革的序幕。

1979年2月19日，《人民日报》发表《靠辛勤劳动过上富裕生活》，报道了广东省中山县小榄公社埒西二大队第二生产队社员黄新文的事迹。

> 黄新文一家靠参加生产队集体劳动和发展以养猪为主的家庭副业，1978年全年总收入为1万多元，大大超过当地收入水平。黄新文对国家和集体的贡献大，个人收入多，根本不是什么"资本主义"，他走的路子没有错，应该受到赞扬和鼓励。[①]

[①]《靠辛勤劳动过上富裕生活》，《人民日报》1979年2月19日第2版。

第三章
中国共产党对自强不息的实践探索

黄新文成为第一个被公开报道的农民"万元户"。随后,"万元户"的叫法在全国范围内流行起来,成为人们追求生活富裕最直接、最明显的标志,激发了人们勤劳致富的积极性和主动性。[①]

1980年5月,邓小平在一次谈话中肯定了农民的改革创举。邓小平指出:

> 有的同志担心,这样搞会不会影响集体经济。我看这种担心是不必要的。我们总的方向是发展集体经济。实行包产到户的地方,经济的主体现在也还是生产队。这些地方将来会怎么样呢?可以肯定,只要生产发展了,农村的社会分工和商品经济发展了,低水平的集体化就会发展到高水平的集体化,集体经济不巩固的也会巩固起来。[②]

同年9月,中共中央印发《关于进一步加强和完善农业生产责任制的几个问题》,指出:"在生产队领导下实行的包产到户是依存于社会主义经济,而不会脱离社会主义轨道的,没有什么复辟资本主义的危险"[③]。1982年,党中央发出"一号文件",明确指出,包括包产到户、包干到户在内的各种责任制,都是社会主义集体经济的生产责任制。从1982年至1984年,党中央连续3年都以"一号文

[①]《农村改革第一步》,《经济日报》2022年2月20日第3版。
[②]《邓小平文选》第2卷,人民出版社1994年版,第315页。
[③]《三中全会以来重要文献选编》上册,中央文献出版社2011年版,第474页。

件"的形式，对包产到户、包干到户的生产责任制给予充分肯定，并在政策上积极引导，从而使家庭联产承包责任制得以迅速推向全国。这充分调动了农民的生产积极性，促进了农业生产的迅速发展。到1987年，全国98%的农户实行了家庭联产承包责任制，农业生产摆脱了停滞困境。

家庭联产承包责任制是适应我国农村生产力水平的、具有广泛适应性的生产组织形式，是党带领农民摆脱束缚、积极探索的生动体现。农村改革是中国农民的伟大创造。广大农村基层干部和亿万农民为改变农村面貌和自身命运，勇敢冲破不利于生产力发展的旧体制，从而掀起了波澜壮阔的改革大潮。

（二）城市经济体制改革的初步展开

农村改革的成功直接推动了城市改革的进行，形成了由农业到工业、由农村到城市相互影响、相互促进的改革洪流。

1978年7月，一场打破"铁饭碗"的改革悄悄在广东清远氮肥厂试行：拿出5万元设立综合奖并和产量挂钩，按照多劳多得分配给工人。这样一来，第二年厂子就扭亏为盈，产能大幅度提升。尝到甜头的清远，顺势推广氮肥厂经验，在其他县办国营工厂推行"超计划利润提成奖"。这一做法后来被时任广东省委第一书记的习仲勋总结为"清远经验"。[①]"清远经验"对国营工业企业管理体制

---

① 聂文婷：《党的十二大：开创建设有中国特色的社会主义》，《学习时报》2022年7月29日第5版。

第三章
中国共产党对自强不息的实践探索

改革起到了很好的示范作用。1979年4月,党中央决定在北京、天津、上海等地大型国营企业进行扩大企业自主权改革试点,城市经济体制改革逐步在全国推开。

"打酱油的钱不能打醋",是改革开放之初国营企业普遍存在的管理状况。扩大企业自主权、改革分配制度、打破"大锅饭",成为国企改革的内在要求。1979年7月,国务院印发《关于扩大国营工业企业经营管理自主权的若干规定》《关于国营企业实行利润留成的规定》等,指导企业进行改革,并要求地方和部门选择一些企业开展试点,初步改变了企业只按国家指令性计划生产、不了解市场、不关心产品销路和盈利亏损的情况,使企业有了部分的自主计划权、产品销售权、资金使用权以及部分的干部任命权,增强了企业的经营和市场意识。1979年底,全国试点企业扩大到4200家,1980年6月发展到6600家,占全国预算内工业企业的16%左右,产值和利润分别占60%和70%左右。[1]

在总结试点经验的基础上,为了进一步处理好国家和企业关系、企业和职工关系、政府和市场关系,改革试点逐步推向经济责任制和财政体制等方面。在经济责任制方面,1981年春,山东省率先在企业中进行试点。10月至11月,国务院提出通过在工业企业中实行经济责任制,把企业和职工的经济利益,同他们所承担的责任和实现的经济效益联系起来。经济责任制很快推行到全国3.6万家国有企业,到1981年底,增加至4.2万家。发端于1978年、初步形

---
[1]《改革开放简史》,人民出版社、中国社会科学出版社2011年版,第24页。

读懂自强不息

成于1979年的国企改革，至此迈出了艰难的第一步，城市经济体制改革从此激流浩荡。在财政体制方面，自1980年始，国家开始实行划分收支、分级包干、多收可以多支的"分灶吃饭"新财政体制，扩大了地方的经济自主权，有利于调动地方增产增收的积极性。

除在企业进行改革试点外，还积极探索形成多种经济成分共同发展局面。

1979年6月，在北京前门箭楼西侧，20多名返城知青搭棚盘灶、烹茶迎宾，大碗茶青年茶社开门营业，"个体户"由此成为人们耳熟能详的词语。大概同一时间，在浙江温州，章华妹在自家门口支了一张小桌子，摆上针头线脑，开张营业。1980年，温州成立工商所，章华妹成为温州也是改革开放以来全国第一个获得营业执照的个体户。[1]

1980年8月，党中央召开全国劳动就业工作会议，提出坚持国家统筹规划指导，允许实行劳动就业部门介绍就业与自愿组织起来就业、自谋职业相结合的新办法。1981年10月，党中央、国务院在《关于广开门路，搞活经济，解快城镇就业问题的若干决定》中指出："在社会主义公有制经济占绝对优势的根本前提下，实行多种经济形式和多种经营方式长期并存。"[2]

---

[1]《改革开放简史》，人民出版社、中国社会科学出版社2021年版，第26页。
[2]《三中全会以来重要文献选编》下册，中央文献出版社2011年版，第531页。

第三章
中国共产党对自强不息的实践探索

个体经济发展到一定规模,势必要雇工经营。

20世纪80年代,安徽芜湖个体户年广久炒卖的"傻子瓜子"受到市场追捧,生意迅速扩张。父子三人从雇4个帮手开始,两年内发展成一个年营业额720万元、雇工140人的私人企业。"傻子"当上了老板,争议也从芜湖一路到了北京。①

这在当时并非个例,因为许多个体户中都存在不同程度的雇工现象。

广东肇庆农民陈志雄承包村上鱼塘,不断扩大规模,到1981年,面积已达357亩。此外,雇工规模也随之扩大,除5名固定工人外,全年需请大量短工。1981年5月至9月,《人民日报》就"怎样看待雇工经营与对待陈志雄承包鱼塘问题",在报纸上展开专题讨论,引发热议。②

此时期,人们对个体户雇工算不算走资本主义道路、个体户是不是资本家等问题普遍感到困惑。1982年4月,一份由安徽省委撰写的"傻子瓜子"的问题调查报告送到了邓小平的案头。邓小平表态,先放一放,看一看。1984年10月22日,邓小平在中央顾问委

---

① 《乡镇企业崛起——"异军突起"逐新路》,《农民日报》2018年12月7日第10版。
② 《雇工之争:"春天的故事"中的一朵耀眼鲜花》,《中国经济时报》2019年7月15日第4版。

读懂自强不息

员会第三次全体会议上提到"傻子瓜子"：

> 前些时候那个雇工问题，相当震动呀，大家担心得不得了。我的意见是放两年再看。那个能影响到我们的大局吗？如果你一动，群众就说政策变了，人心就不安了。你解决了一个"傻子瓜子"，会牵动人心不安，没有益处。让"傻子瓜子"经营一段，怕什么？伤害了社会主义吗？①

这个表态及随后一系列相关政策的出台，打消了社会上对个体经济的顾虑，促进了个体私营经济的发展。到1987年底，全国城乡共有个体工商业1372万户，从业人员2158万人。②

在坚持公有制经济主体地位的前提下，我国所有制结构改革不断加快，逐步形成了以公有制为主体，个体经济、私营经济、外资经济和其他经济为补充，多种经济成分共同发展的局面。

三、推动对外开放和创办经济特区

在改革推进的过程中，对外开放也逐步展开，并取得重大突破。

吸引和利用外资、兴办中外合资经营企业和中外合作经营企业（或项目），是对外开放的重要方式和步骤。1979年，中国国际信托

---

① 《邓小平文选》第3卷，人民出版社1993年版，第91页。
② 《改革开放简史》，人民出版社、中国社会科学出版社2021年版，第27页。

第三章
中国共产党对自强不息的实践探索

投资公司成立,开展国际信托、投资、租赁业务。1980年,我国恢复在世界银行、国际货币基金组织的代表权,并加入国际农业发展基金会,开始从这些国际金融机构中得到贷款。我国还先后同日、法、美等国公司签订协议,开展海上石油勘探开发。随着1979年7月《中华人民共和国中外合资经营企业法》及此后一系列相关法律法规的出台,中外合资经营从无到有发展起来。旅游业也异军突起,迅速站到了对外开放的前列,发展为一个新兴产业。

兴办经济特区,是党和国家为推进改革开放和社会主义现代化建设进行的伟大创举。1978年12月,党的十一届三中全会作出把党和国家工作中心转移到经济建设上来、实行改革开放的历史性决策,拉开了改革开放的历史大幕。1979年4月,广东省委负责人向中央领导同志提出兴办出口加工区、推进改革开放的建议。邓小平明确指出,还是叫特区好,中央可以给些政策,你们自己去搞,杀出一条血路来。同年7月,党中央、国务院批准广东、福建两省实行"特殊政策、灵活措施、先行一步",并试办出口特区。1980年8月,党和国家批准在深圳、珠海、汕头、厦门设置经济特区。1988年4月,又批准建立海南经济特区,明确要求发挥经济特区对全国改革开放和社会主义现代化建设的重要窗口和示范带动作用。

以深圳经济特区为例,20世纪70年代,深圳是一个小渔村,而蛇口可以说是"穷乡僻壤"。然而,就是在这样的艰苦条件下,改革开放的"开山炮"轰鸣炸响。时间就是金钱,效率就是生命。在中央决策的推动下,来自四面八方的特区建设者披荆斩棘、艰苦

读懂自强不息

创业，将深圳建设成为生机勃勃的崭新城市。2020年10月14日，习近平总书记在深圳经济特区建立40周年庆祝大会上指出：

> 深圳是改革开放后党和人民一手缔造的崭新城市，是中国特色社会主义在一张白纸上的精彩演绎。深圳广大干部群众披荆斩棘、埋头苦干，用40年时间走过了国外一些国际化大都市上百年走完的历程。这是中国人民创造的世界发展史上的一个奇迹。[①]

摆脱经济落后、勇立改革潮头的故事，同样在厦门经济特区上演着。

> 1984年，厦门航空有限公司在改革开放的号角声中诞生。当时，厦门机场太小，扩建刻不容缓，但没有钱进行建设。时任市委常委、常务副市长的习近平同志担任厦门机场扩建工程科威特贷款领导小组组长，经过艰辛努力，争取到了科威特政府1800万美元的贷款，解决了机场扩建的燃眉之急。

40多年来，厦门成立首家中外合资银行、最早进行政企分开试点……一次次改革探索，在我国改革进程中发挥了示范带头作用。

[①] 习近平：《在深圳经济特区建立40周年庆祝大会上的讲话》，《人民日报》2020年10月15日第2版。

第三章
中国共产党对自强不息的实践探索

40多年前,对于创办经济特区的决定,有人赞成,有人怀疑,有人反对。然而,经济特区在一张白纸上演绎精彩,涌现了一个又一个全国第一,先后敲响中国土地拍卖"第一槌"、发行新中国第一张股票、创办第一家股份制企业、发行全国第一张信用卡、建立全国第一个商品房小区、建成我国第一个以"国际"冠名的民用机场、第一个取消粮油凭票供应……经济特区创造了一个又一个伟大奇迹,书写了一个又一个"春天的故事",取得了令世界刮目相看的伟大成就。①

总结经济特区的发展经验,邓小平指出:"特区是个窗口,是技术的窗口,管理的窗口,知识的窗口,也是对外政策的窗口。"② 实践证明,经济特区在经济体制改革中发挥了"试验田"作用,在对外开放中发挥了重要"窗口"作用,成为中国改革开放的"探路者"。经济特区是中国共产党探索中国特色社会主义道路的早期实践,是中国改革开放的先行地、试验区、排头兵,更是新时代中国特色社会主义先行示范区。

伟大实践孕育伟大精神。经济特区的发展实践淬炼出敢闯敢试、敢为人先、埋头苦干的特区精神。习近平总书记指出:

> 要弘扬以爱国主义为核心的民族精神和以改革创新为核心

---

① 胡国胜:《特区精神　敢闯敢试勇立潮头》,《中国教育报》2021年11月18日第6版。

② 《邓小平文选》第3卷,人民出版社1993年版,第51—52页。

读懂自强不息

的时代精神，继续发扬敢闯敢试、敢为人先、埋头苦干的特区精神，激励干部群众勇当新时代的"拓荒牛"。①

特区精神传承了中华民族革故鼎新的改革文化，勤劳勇敢、自强不息的民族精神以及实事求是的务实之风，展现了中国共产党团结带领中国人民创新创造、开拓进取的勇气，艰苦奋斗、顽强拼搏的毅力。

---

① 习近平：《在深圳经济特区建立40周年庆祝大会上的讲话》，《人民日报》2020年10月15日第2版。

04

第四章

自强不息在中国特色社会主义
新时代的生动实践

第四章
自强不息在中国特色社会主义新时代的生动实践

中国特色社会主义新时代，自强不息的民族精神体现为中国共产党团结带领中国人民自信自强、守正创新，解决了许多长期想解决而没有解决的难题，办成了许多过去想办而没有办成的大事，推动党和国家事业取得历史性成就、发生历史性变革，为实现中华民族伟大复兴提供了更为完善的制度保证、更为坚实的物质基础、更为主动的精神力量。正如习近平总书记所指出的："中国以自信自强的精神奋力攀登，到处都是日新月异的创造。"①

党的十八大以来，以习近平同志为核心的党中央以零容忍态度深入开展反腐败斗争，取得了反腐败斗争的压倒性胜利；坚持人民至上、生命至上的理念，坚决打赢疫情防控的人民战争、总体战、阻击战，疫情防控取得重大战略成果；领导人民如期打赢脱贫攻坚战，历史性地解决了绝对贫困问题；成功应对美国挑起的贸易摩擦；坚决反对一切分裂祖国、破坏民族团结和社会和谐稳定的图谋和行为，维护国家主权、安全、发展利益。可以说，我们党采取一系列战略性举措，推进一系列变革性实践，实现一系列突破性进展，取得一系列标志性成果，经受住了来自政治、经济、意识形态、自然界等方面的风险挑战考验，党和国家事业取得历史性成就、发生历

---

① 《国家主席习近平发表二〇二四年新年贺词》，《人民日报》2024 年 1 月 1 日第 1 版。

读懂自强不息

史性变革，推动我国迈上全面建设社会主义现代化国家新征程。

2013年5月4日，习近平总书记在同各界优秀青年代表座谈时指出：

> 我们的国家，我们的民族，从积贫积弱一步一步走到今天的发展繁荣，靠的就是一代又一代人的顽强拼搏，靠的就是中华民族自强不息的奋斗精神。[1]

自强不息是中华文明的基因，是马克思主义的立场，是中国共产党人的品格。百余年来，党构筑起以伟大建党精神为源头的中国共产党人的精神谱系，深刻展现了迎难而上、锲而不舍、自强不息的精神品格。党的二十大号召全党弘扬伟大建党精神，自信自强、守正创新，踔厉奋发、勇毅前行，为在新时代新征程上发扬自强不息的优良传统注入了新的内涵、提出了新的要求。

---

[1] 习近平：《在同各界优秀青年代表座谈时的讲话》，《人民日报》2013年5月5日第2版。

第四章
自强不息在中国特色社会主义新时代的生动实践

第一节　经济建设：科技创新驱动高质量发展

当前，世界百年未有之大变局加速演进，世界经济发展模式正在由消费驱动的经济增长模式转向由新科技革命推动的创新型经济增长模式。

回顾40余年改革开放路，推动中国实现快速发展的第一动力，毫无疑问，就是创新。改革开放以来，从邓小平提出"科学技术是第一生产力"，到习近平总书记提出"创新是引领发展的第一动力"，创新精神已深深刻入中华民族的灵魂，国家的一切发展成就都与创新紧密相连。无论是家庭联产承包责任制、社会主义市场经济体制等制度创新典范，还是协同创新、自主研发等科技创新路径，抑或是国家创新型城市、自主创新示范区、全面创新改革试验区等治理创新模式，都彰显了创新的力量。

中国式现代化要靠科技现代化作支撑，实现高质量发展要靠科技创新培育新动能。新时代以来，我国坚持把创新作为引领发展的第一动力，把科技创新摆在国家发展全局的核心位置，注重科技创新和体制机制创新"双轮驱动"，创新活力不断迸发。习近平总书记指出:"近年来,我国科技创新成果丰硕,创新驱动发展成效日益显现"。我们要深刻认识我国创新驱动发展成效对推动高质量发展的重要作用,深入贯彻落实《中共中央关于进一步全面深化改革 推进中国式现代化的决定》提出的"构建支持全面创新体制机制",进一步加大科技创新力度,全面提升国家创新体系的整体效能,抢占科技竞争和未来发展制高点。

一、科技自立自强是全面建成社会主义现代化强国的关键

科技兴则民族兴,科技强则国家强。科学技术从来没有像今天这样深刻影响着国家前途命运,从来没有像今天这样深刻影响着人民生活福祉。实现高水平科技自立自强是国家强盛和民族复兴的战略基石。纵观人类发展史,创新始终是一个国家、一个民族发展的不竭动力。当今世界正经历百年未有之大变局,科技创新是其中一个关键变量。各主要国家纷纷把科技创新作为国际战略博弈的主要战场,围绕科技制高点的竞争空前激烈。能不能如期全面建成社会主义现代化强国,关键看科技是否自立自强。科技是促进发展大局的根本支撑。如果科技创新搞不上去,发展动力就不可能实现转换,我们在全球经济竞争中就会处于下风。因此,必须把科技的命脉牢牢掌握在自己手中,在科技自立自强上取得更大进展,形成国际竞争新优势。

第四章
自强不息在中国特色社会主义新时代的生动实践

实现高水平科技自立自强，是攀登世界科技高峰的必由之路。增强自主创新，就是从增强国家创新能力出发，加强原始创新、集成创新，确保国家拥有自主可控的科技创新能力。抓住了自主创新，就抓住了科学技术发展的战略基点，就抓住了结构调整和增长方式转变的中心环节，就抓住了把握战略机遇期、实现经济长期稳定较快发展的关键。

实现高水平科技自立自强，是应对风险挑战和维护国家利益的必然选择。当前，国际环境错综复杂，世界经济陷入低迷期，全球产业链供应链面临重塑，不稳定性不确定性明显增加。要有效应对前进道路上的重大挑战、抵御重大风险，必须坚持科技自立自强，不断提升我国发展的独立性、自主性、安全性，增强抗压能力、应变能力、对冲能力和反制能力，把发展的主动权牢牢掌握在自己手中。只有这样，我国的现代化进程才不会被迟滞甚至打断。

实现高水平科技自立自强，是构建新发展格局、推动高质量发展、满足人民美好生活需要的内在要求。新时代新征程，我国经济社会发展比过去任何时候都更需要科学技术解决方案，都更需要增强创新这个第一动力。构建新发展格局，必须以科技自立自强推动国内大循环，提高供给体系质量和水平；畅通国内国际双循环，保障产业链供应链安全稳定。推动高质量发展，加快建设现代化经济体系，必须持续优化生产要素配置，推动质量变革、效率变革、动力变革，实现经济质的有效提升和量的合理增长。满足人民美好生活需要，提高社会发展水平，要求把惠民、利民、富民、改善民生作为科技创新的重要方向,推出更多涉及民生的科技创新成果,满足人民群众多层次、多样化的需求。科技自立自强是国家强盛之基、安全之要。加快建设科技强国,必须坚持走中国特色自主创新道路,发挥好新型举国体制优势,完善国家创新体系,加快关键核心技术攻关,实现高水平科技自立自强。

二、生动实践:北斗系统的自主研发与广泛应用

2020年6月23日,随着最后一颗组网卫星成功发射,北斗三号全球卫星导航系统完成全球星座部署;2020年7月31日,北斗三号全球卫星导航系统正式建成开通,标志着我国建成独立自主、开放兼容的全球卫星导航系统,成为世界上第三个独立拥有全球卫星导航系统的国家。自1994年启动北斗系统工程以来,北斗人奏响了一曲大联合、大团结、大协作的交响曲,孕育了"自主创新、开放融合、万众一心、追求卓越"的新时代北斗精神。在北斗三号全球卫星导航系统建成暨开通仪式上,习近平总书记指出,26年来,参与北斗系统研制建设的全体人员迎难而上、敢打硬仗、接续奋斗,发扬"两弹一星"精神,培育了新时代北斗精神,要传承好、弘扬好。[①]

20世纪90年代,中国"银河号"货轮被美国以莫须有的情报拦截,并切断GPS信号,无法判断方向。这让党和国家更加认识

[①]《北斗三号全球卫星导航系统正式开通》,《人民日报》2020年8月1日第1版。

第四章
自强不息在中国特色社会主义新时代的生动实践

到,信息时代没有自己的导航,就意味着没有自己的眼睛,如此下去,必将受制于人。早在1983年,以陈芳允院士为代表的专家学者就创造性地提出双星定位构想,即利用两颗地球同步轨道卫星来测定地面和空中目标。通过大量理论和技术上的研究工作,双星定位系统的概念逐步明晰,并且确定了"先区域、后全球"的发展思路,"三步走"的北斗之路由此铺开。

第一步是建成北斗一号系统。1993年初,航天五院提出卫星总体方案,初步确定了卫星技术状态和总体技术指标。1994年,北斗一号系统工程立项,组建卫星团队,全面展开研制工作。经过艰苦卓绝的关键技术攻关和重大故障的成功排除抢修,终于在2003年建成北斗一号系统,使我国成为继美、俄之后第三个拥有自主卫星导航系统的国家。北斗一号实现了"花小钱,办大事",验证了系统设计思想的正确性。第二步是初步提升北斗导航系统性能。面对快速增长的应用需求,在保留北斗特色的同时,北斗二号迈出了提升性能的"第二步"。2004年,北斗二号正式立项研制,并于2006年成为国家16个重大科技专项之一。2012年12月27日,北斗系统面向亚太区域提供服务,成为国际卫星导航系统四大服务商之一。第三步是大幅提升北斗导航系统整体性能。站在前两代星座的肩膀上,立项于2009年12月的北斗三号开始尝试冲刺和领跑,并于2018年完成10箭19星发射,创下世界卫星导航系统建设的新纪录,在太空中再次刷新了"中国速度"。星间链路、全球搜救载荷、新一代原子钟……伴随着这些新"神器"的闪耀登场,北斗导

读懂自强不息

航系统的整体性能大幅提升。①

中国北斗得益于北斗人坚持独立自主、自力更生和追求卓越的不懈努力。秉承"探索一代，研发一代，建设一代"的创新思路，中国北斗始终把发展的主动权牢牢掌握在自己手中。北斗一号原创性地提出双星定位的卫星实现方法，打破了国外技术垄断，建立起国际上首个基于双星定位原理的区域有源卫星定位系统——北斗导航卫星试验系统。北斗二号突破了区域混合导航星座构建、高精度时空基准建立的关键技术，实现星载原子钟国产化，在国际上首次实现混合星座区域卫星导航系统。区域系统建成后，各项技术指标均与GPS等国际先进水平相当。在北斗二号的建设过程中，根据国际电信联盟的规则，频率资源是有时限的，过期作废。在争分夺秒完成前期所有研制任务后，为节省时间，所有参试人员进驻发射场后大干了3天体力活，搬设备、扛机柜、布电缆，接下来又是200小时不间断地加电测试……院士、型号老总和技术人员一起排班，很多人因为水土不服而拉肚子、发烧，但大家都带病坚持在岗位上，经受住了次次险情和种种考验。2007年4月16日，在成功发射的两天后，北京从飞行试验星获得清晰信号，此时距离空间频率失效仅剩下不到4个小时——正是这次壮举，有效地保护了我国卫星导航系统的频率资源，拉开了北斗区域导航系统建设的序幕。在北斗三号全球组网建设中，航天五院率先提出国际上首个高中轨道星间链路混合型新体制，形成了具有自主知识产权的星间链路网络协议、

---

① 《天河漫漫　北斗璀璨》，《光明日报》2019年1月3日第10版。

第四章
自强不息在中国特色社会主义新时代的生动实践

自主定轨、时间同步等系统方案；研发出国内首个适于直接入轨一箭多星发射的"全桁架式卫星平台"，实现了卫星自主监测和自主健康管理；成功应用星载大功率微波开关、行波管放大器等关键国产化元器件和部组件，打破核心器部件长期依赖进口、受制于人的局面，为全球快速组网建设铺平道路。①诚如北斗一号卫星总指挥李祖洪所说："北斗的研制，是中国人自己干出来的。'巨人'对我们技术封锁，不让我们站在肩膀上。唯一的办法，就是自己成为巨人。"

北斗三号全球系统已成为我国迄今为止规模最大、覆盖范围最广、服务性能最高、与人民生活关联最紧密的巨型复杂航天系统。北斗系统工程技术卓越、运行服务卓越、工程实施管理卓越，体现了中国人对"一流的北斗"的不懈追求。从区域应用来讲，北斗三号全球系统在中国及周边地区，所提供的增强服务、精密单点定位服务将为北斗高精度的泛在化应用奠定坚实基础，可以更好地支撑如智能网联汽车、无人系统等高精度应用，同时有可能催生出更多的大众高精度应用需求。近年来，"+北斗"应用案例推陈出新，凸显了北斗应用产业发展强大的生命力。下一步，将继续推动北斗与5G、物联网、无人驾驶、人工智能、区块链等新技术的交叉融合，北斗系统应用模式将会更加丰富。未来，我国将继续发扬"自主创新、开放融合、万众一心、追求卓越"的新时代北斗精神，秉持"中国的北斗、世界的北斗、一流的北斗"发展理念，2035年前建成更加泛在、更加融合、更加智能的国家综合定位导航授时（PNT）

---

① 《天河漫漫　北斗璀璨》，《光明日报》2019年1月3日第10版。

读懂自强不息

体系,以持续发展的北斗系统为核心,构建覆盖天空地海、基准统一、高精度、高安全、高智能、高弹性、高效益的时空信息服务基础设施,为构建人类命运共同体作出更大贡献,服务全球,造福人类。[①] 斗转星移,北斗前进的脚步没有停止,创新发展的精神也不会停歇。

北斗人秉承航天报国、科技强国使命情怀,团结协作、顽强拼搏、勠力创新、攻坚克难,实现了从无到有、从有到优、从区域到全球的历史性跨越。这是我国攀登科技高峰、迈向航天强国的重要里程碑,充分体现了我国社会主义制度集中力量办大事的政治优势,对提升我国综合国力,对推动我国经济发展和民生改善,对推动当前国际经济形势下我国对外开放,对进一步增强民族自信心、努力实现第二个百年奋斗目标,具有十分重要的意义。

"天作棋盘星作子",北斗系统凝结着几代航天人接续奋斗的心血,饱含着中华民族自强不息的本色。广大科技人员自力更生、发愤图强,攻克160余项关键核心技术,实现核心器部件百分之百国产化,首创全星座星间链路支持自主运行,创造两年半时间高密度发射18箭30星的世界导航卫星组网奇迹,展现着矢志自主创新的志气骨气。从北斗一号服务我国及周边地区,到北斗二号服务亚太地区,再到北斗三号服务全球,中国北斗始终立足中国、放眼世界,相关产品出口120余个国家和地区,全球总用户数超20亿,让中国的北斗成为世界的北斗,书写着开放融合的生动篇章。400多家单

---

① 《创新的光芒闪耀太空》,《光明日报》2021年12月10日第5版。

第四章
自强不息在中国特色社会主义新时代的生动实践

位、30 余万名科研人员聚力攻关，2 名"两弹一星"元勋和几十名院士领衔出征，1.4 万余家企业、50 余万人从事系统应用推广，彰显着万众一心的团结伟力。全球范围定位精度优于 10 米、测速精度优于 0.2 米／秒、授时精度优于 20 纳秒，不断提升的精度，映照着追求卓越的不懈努力。①"调动了千军万马，经历了千难万险，付出了千辛万苦，要走进千家万户，将造福千秋万代。"新时代北斗精神是以爱国主义为核心的民族精神和以改革创新为核心的时代精神在航天领域的生动诠释，是新时代中国人民自强不息的生动写照，是"两弹一星"精神、载人航天精神在新时代的赓续传承，是中国共产党人精神谱系的重要组成部分，激励着我们继续迎难而上、勇攀新的高峰。

三、中国经验：科技创新驱动高质量发展

当前，新一轮科技革命和产业变革深入发展，科技创新成为国际战略博弈的主要战场，围绕科技制高点的竞争空前激烈。习近平总书记强调："我们比历史上任何时期都更接近中华民族伟大复兴的目标，我们比历史上任何时期都更需要建设世界科技强国！"②新时代新征程，必须坚持独立自主、自力更生，瞄准"卡脖子"难题，攻克关键核心技术，走中国特色自主创新道路；坚持开放包容、互

---

① 《传承好、弘扬好新时代北斗精神》，《人民日报》2021 年 12 月 14 日第 2 版。
② 习近平：《努力成为世界主要科学中心和创新高地》，《求是》2021 年第 6 期。

促共进，聚四海之气、借八方之力，在开放合作中提升创新能力、塑造发展优势，为世界贡献更多中国智慧、中国方案、中国力量；坚持万众一心、团结共进，充分发挥新型举国体制优势，集中力量办大事，心往一处想、劲往一处使，汇聚同心共筑中国梦的强大合力；坚持追求卓越、精益求精，不断向科学技术广度和深度进军，推进高水平科技自立自强。

1. 明确创新是引领发展的第一动力

科学技术是第一生产力。英国之所以成为19世纪世界经济的领头羊，美、德两国之所以在20世纪后来居上、赶超英国，依靠的正是第一次工业革命和第二次工业革命所迸发的强大科技创新活力。当今世界，新一轮科技革命和产业变革方兴未艾，科技创新正加速推进，并深度融合，广泛渗透到人类社会的各个方面，成为重塑世界格局、创造人类未来的主导力量。党的十八大以来，以习近平同志为核心的党中央带领中国人民加强原创性、引领性科技攻关，依托科技创新的强大驱动力，把握数字化、网络化、智能化融合发展的契机，以信息化、智能化为杠杆培育新动能，改善实体经济的投资结构，推动国内产业链价值链实现优化升级；突出先导性和支柱性，优先培育和大力发展一批战略性新兴产业集群，构建产业体系新支柱；推进互联网、大数据、人工智能同实体经济深度融合，做大做强数字经济；以智能制造为主攻方向，推动产业技术变革和优化升级，推动制造业产业模式和企业形态根本性转变，以

第四章
自强不息在中国特色社会主义新时代的生动实践

"鼎新"带动"革故",以增量带动存量,促进着我国产业向全球价值链中高端迈进。

2. 将关键核心技术掌握在自己手中

习近平总书记在中国科学院第十九次院士大会、中国工程院第十四次院士大会上指出:

> 实践反复告诉我们,关键核心技术是要不来、买不来、讨不来的。只有把关键核心技术掌握在自己手中,才能从根本上保障国家经济安全、国防安全和其他安全。要增强"四个自信",以关键共性技术、前沿引领技术、现代工程技术、颠覆性技术创新为突破口,敢于走前人没走过的路,努力实现关键核心技术自主可控,把创新主动权、发展主动权牢牢掌握在自己手中。[①]

在引进高新技术上不能抱任何幻想,不能指望依赖他人的科技成果来提高自己的科技水平,不能做其他国家的技术附庸,永远跟在别人的后面亦步亦趋。要统筹推进,补齐短板和锻造长板,针对产业薄弱环节,实施好关键核心技术攻关工程,尽快解决一批"卡脖子"问题,在产业优势领域精耕细作,加快科技成果向现实生产力转化,不断培育壮大高质量发展的新动能新优势。

---

① 习近平:《努力成为世界主要科学中心和创新高地》,《求是》2021年第6期。

3. 发挥新型举国体制优势开展科技攻关

党的十八大以来，一大批重大创新工程取得突破性进展，"神舟"飞天、"蛟龙"入海、"嫦娥"奔月、"墨子"传信、"北斗"组网、"天眼"巡空、"天问"探火等，令世人为之惊叹。习近平总书记强调：

> 我们最大的优势是我国社会主义制度能够集中力量办大事。这是我们成就事业的重要法宝。过去我们取得重大科技突破依靠这一法宝，今天我们推进科技创新跨越也要依靠这一法宝，形成社会主义市场经济条件下集中力量办大事的新机制。①

新时代，以习近平同志为核心的党中央不断发展完善社会主义市场经济条件下新型举国体制，充分发挥国家作为重大科技创新组织者的作用，支持周期长、风险大、难度高、前景好的战略性科学计划和科学工程，抓系统布局、系统组织、跨界集成，把政府、市场、社会等各方面力量拧成一股绳，形成未来的整体优势。推动有效市场和有为政府更好结合，充分发挥市场在资源配置中的决定性作用，通过市场需求引导创新资源有效配置，形成推进科技创新的强大合力。不断健全党对科技工作的领导体制，组建中央科技委员会，统筹推进国家创新体系建设和科技体制改革，研究审议国家科技发展重大战略、重大规划、重大政策。

---

① 习近平：《为建设世界科技强国而奋斗》，《人民日报》2016年6月1日第2版。

4. 深入推进科技体制改革

实施创新驱动发展战略，最根本的是要增强自主创新能力，最紧迫的是要破除体制机制障碍，最大限度地解放和激发科技作为第一生产力所蕴藏的巨大潜能。多年来，我国一直存在着科技成果向现实生产力转化不力、不顺、不畅的痼疾，其中一个重要症结就在于科技创新链条上存在着诸多体制机制关卡，创新和转化各个环节衔接不够紧密。习近平总书记指出："科技体制改革要敢于啃硬骨头，敢于涉险滩、闯难关，破除一切制约科技创新的思想障碍和制度藩篱，正所谓'穷则变，变则通，通则久'。"[①] 党的十八大以来，以习近平同志为核心的党中央持续完善国家科技治理体系，优化国家科技规划体系和运行机制，调动广大科技人员的积极性、主动性和创造性；改进科技项目组织管理方式，实行"揭榜挂帅"等制度，完善科技评价机制；扩大科研自主权，加强知识产权保护，大幅提高科技成果转移转化成效；加大研发投入，健全政府投入为主、社会多渠道投入机制，加大对基础前沿研究的支持力度；完善金融支持创新体系，促进新技术产业化规模化应用，等等，这些措施均为打赢关键核心技术攻坚战提供有力保障。

5. 基础研究和应用研究相互促进

基础研究是科技创新的源头。基础研究处于从研究到应用、再到生产的科研链条起始端，地基打得牢，科技事业大厦才能建得高。

---

① 习近平：《努力成为世界主要科学中心和创新高地》，《求是》2021年第6期。

读懂自强不息

加强基础研究是科技自立自强的必然要求，是从未知到已知、从不确定性到确定性的必然选择。当前，我国面临的很多"卡脖子"技术问题，根子是基础理论研究跟不上。为此，我们不断强化自主创新成果的源头供给，努力取得基础性、战略性、原创性的重大成果，以科技创新开辟发展新领域新赛道，塑造发展新动能新优势；强化基础研究前瞻性、战略性、系统性布局，坚持目标导向和自由探索"两条腿走路"，有组织推进战略导向的体系化基础研究、前沿导向的探索性基础研究、市场导向的应用性基础研究，把握科技发展大趋势，下好自主创新先手棋。应用研究是基础研究转化为实际应用的桥梁。要把基础研究和应用研究结合起来，大力加强多学科融合的现代工程和技术科学研究，通过重大科技问题带动，在重大应用研究中抽象出理论问题，进而探索科学规律，使基础研究和应用研究相互促进。企业作为现代市场经济中推动科技创新转化为现实生产力的关键主体，发挥着重要作用。因此，要增强企业创新动力，正向激励企业创新，反向倒逼企业创新，不断推进重点项目协同和研发活动一体化，加快构建龙头企业牵头、高校院所支撑、各创新主体相互协同的创新联合体，发展高效强大的共性技术供给体系，提高科技成果转移转化成效。

第四章
自强不息在中国特色社会主义新时代的生动实践

第二节　政治建设：反腐败斗争取得压倒性胜利

改革开放以后，中国共产党坚持党要管党、从严治党，推进党的建设取得明显成效。同时，由于一度出现管党不力、治党不严问题，有些党员、干部政治信仰出现危机，一些地方和部门选人用人风气不正，形式主义、官僚主义、享乐主义和奢靡之风盛行，特权思想和特权现象较为普遍存在。特别是搞任人唯亲、排斥异己的有之，搞团团伙伙、拉帮结派的有之，搞匿名诬告、制造谣言的有之，搞收买人心、拉动选票的有之，搞封官许愿、弹冠相庆的有之，搞自行其是、阳奉阴违的有之，搞尾大不掉、妄议中央的也有之，政治问题和经济问题相互交织，贪腐程度触目惊心。这"七个有之"问题严重影响党的形象和威信，严重损害党群干群关系，引起广大党员、干部、群众强烈不满和义愤。[1]

打铁必须自身硬，办好中国的事情，关键在党，关键在党要管党、全面从严治党。必须以加强党的长期执政能力建设、先进性和纯洁性建设为主线，以党的政治建设为统领，以坚定理想信念宗旨

---

[1] 吴汉圣：《全面从严治党开辟自我革命新境界》，《中国纪检监察》2022年第3期。

为根基，以调动全党积极性、主动性、创造性为着力点，不断提高党的建设质量，把党建设成为始终走在时代前列、人民衷心拥护、勇于自我革命、经得起各种风浪考验、朝气蓬勃的马克思主义执政党。党以永远在路上的清醒和坚定，坚持严的主基调，突出抓住"关键少数"，落实主体责任和监督责任，强化监督执纪问责，把全面从严治党贯穿于党的建设各方面。党中央召开各领域党建工作会议作出有力部署，推动党的建设全面进步。

经过坚决斗争，全面从严治党的政治引领和政治保障作用充分发挥，反腐败斗争取得压倒性胜利并全面巩固，消除了党、国家、军队内部存在的严重隐患，党在革命性锻造中更加坚强。这也是中国共产党在政治建设领域自强不息的生动诠释。

一、腐败是党长期执政面临的最大威胁

腐败是危害党的生命力和战斗力的最大毒瘤，是党长期执政面临的最大威胁。反腐败是最彻底的自我革命，反腐败斗争是全面从严治党的"必答题"。党的十八大以来，以习近平同志为核心的党中央以猛药去疴、重典治乱的决心，以刮骨疗毒、壮士断腕的勇气，坚持标本兼治，坚定不移"打虎""拍蝇""猎狐"，坚决打赢反腐败斗争攻坚战持久战。

腐败是党长期执政面临的最大威胁。反腐败是一个历史性难题，是全球治理的重要领域，是国际社会广泛关注的议题。腐败严重侵

第四章
自强不息在中国特色社会主义新时代的生动实践

蚀党的肌体，对党的执政基础破坏力最大、杀伤力也最大。习近平总书记指出："我们党作为执政党，面临的最大威胁就是腐败。"① 反腐败是一场输不起也决不能输的重大政治斗争。腐败问题损害党和群众的关系，危及党的执政基础、国家长治久安。一个政党、一个政权，其前途命运最终取决于人心向背。中国历史上因为统治集团严重腐败导致人亡政息的例子比比皆是，当今世界上由于执政党腐化堕落、严重脱离群众导致失去政权的例子也不胜枚举。人民群众最痛恨各种消极腐败现象，最痛恨各种特权现象，这些现象对党同人民群众的血肉联系最具杀伤力。如果我们党不能遏制腐败蔓延的势头，任其发展下去，最终必然严重脱离群众，失去人民的信任和支持，动摇甚至丧失党的执政基础。必须从关系党和国家生死存亡的战略高度，坚定不移开展反腐败斗争。

腐败问题本质上是政治变质。党的百余年历程反复印证了一个道理：党面临的最大风险就是内部变质、变色、变味，丧失马克思主义政党的政治本色，背离党的性质宗旨、初心使命，而失去最广大人民支持与拥护。党的十八大以来，以习近平同志为核心的党中央下大气力解决腐败问题，坚决清除影响党的先进性和纯洁性的消极因素。自强不息不仅仅是面对外部严峻形势勇往直前，还包括敢于以壮士断腕的勇气推进自我革命，确保党始终同人民同呼吸、共命运、心连心。

我们党是始终代表最广大人民根本利益的马克思主义政党，同

---
① 《习近平谈治国理政》第 2 卷，外文出版社 2017 年版，第 44 页。

任何腐败现象都水火不容。反对腐败是党一贯的政治立场,是保持党的先进性和纯洁性的必然要求。党员是党的肌体的细胞,党的先进性和纯洁性要靠千千万万党员的先进性和纯洁性来体现,党的执政使命要靠千千万万党员卓有成效的工作来完成,党要管党、从严治党,必须落实到党员队伍的管理中去。习近平总书记指出:

> 一棵参天大树,如任蛀虫繁衍啃咬,最终必会逐渐枯萎。惩治腐败这一手必须紧抓不放、利剑高悬,坚持无禁区、全覆盖、零容忍。要重点查处政治问题和腐败问题交织,不收敛不收手,问题线索反映集中、群众反映强烈、现在重要岗位且可能还要提拔使用的领导干部。要深入剖析严重违纪违法干部的典型案例,发挥警示、震慑、教育作用。①

开展反腐败斗争,坚决割除滋生在党的肌体上的毒瘤,是我们党永葆政治本色,始终具有强大战斗力和凝聚力的关键。

二、生动实践:以伟大自我革命引领伟大社会革命

党的百余年征程,既是一部波澜壮阔的社会革命奋斗史,也是一部激浊扬清的自我革命斗争史。我们党立志于中华民族千秋伟业,

---

① 习近平:《在第十八届中央纪律检查委员会第六次全体会议上的讲话》,《人民日报》2016年5月3日第2版。

第四章
自强不息在中国特色社会主义新时代的生动实践

百年恰是风华正茂,关键在于始终坚持党要管党、全面从严治党,在推动社会革命的同时,进行彻底的自我革命,成为中华民族的中流砥柱。党的十八大以来,以习近平同志为核心的党中央把全面从严治党纳入"四个全面"战略布局,以"得罪千百人、不负十四亿"的使命担当,以刀刃向内、刮骨疗毒的坚定意志,推进党的建设新的伟大工程,以优良的作风凝聚党心民心,以严明的纪律管党治党,以零容忍的态度惩治腐败,巩固了党的团结统一,扭转了"四风"积弊,构建起党和国家监督体系,反腐败斗争取得压倒性胜利并全面巩固,党在革命性锻造中更加坚强有力。

在党中央坚强领导下,从2012年12月到2021年5月,纪检监察机关共立案审查调查省部级以上领导干部392人、厅局级干部2.2万人、县处级干部17万余人、乡科级干部61.6万人。2014年开展反腐败国际追逃追赃"天网行动"以来,从120个国家和地区追回外逃人员9165人,其中党员和国家工作人员2408人,追回赃款217.39亿元,"百名红通人员"已有60名归案。党的十九大后,查处涉及民生领域问题、侵害群众利益问题39万余件,处理35.9万人;查处扶贫领域问题28万件,处分18.8万人。在扫黑除恶过程中,打击黑恶势力保护伞,查处相关案件9.3万个,处理8.4万人。在惩治腐败的震慑和党的政策感召下,4.2万人主动找党组织、找纪检监察机关投案。国家统计局2020年底的调查显示,95.8%的群众对全面从严治党、遏制腐败充满信心,比党的十八大前的2012年的调查提高了16.5个百分点。

读懂自强不息

新征程上，继续推进党的自我革命，必须紧紧围绕推进中国式现代化这个最大的政治，紧扣高质量发展这个首要任务，聚焦制约高质量发展的突出问题正风肃纪反腐，聚焦国家治理体系和治理能力现代化健全监督体系，以管党治党的新气象新作为推动中国式现代化建设取得新进展新突破。2023年初，中央纪委国家监委印发《关于深化粮食购销领域腐败问题专项整治工作的意见》（以下简称《意见》），强调要持续加大粮食购销领域腐败问题惩治力度，对涉粮问题线索开展清底式"回头看"，应查尽查、一查到底；紧盯涉粮乱象背后的腐败问题，深入查办"影子股东""影子公司""国皮民骨"以及关联交易、套取资金、输送利益等案件，从严从重惩处，保持零容忍震慑不变、高压惩治力量常在……《意见》对粮食购销领域腐败问题专项整治工作进行再动员、再部署，切实服务保障国家粮食安全。2023年以来，重点领域、关键环节反腐纵深推进，为经济社会高质量发展清障护航。

在2023年中央经济工作会议上，习近平总书记从四个方面强调抓落实：

> 要不折不扣抓落实，确保最终效果符合党中央决策意图。要雷厉风行抓落实，统筹把握时度效。要求真务实抓落实，坚决纠治形式主义、官僚主义。要敢作善为抓落实，坚持正确用人导向，充分发挥各级领导干部的积极性主动性创造性。①

---

① 《中央经济工作会议在北京举行》，《人民日报》2023年12月13日第1版。

第四章
自强不息在中国特色社会主义新时代的生动实践

"四个抓落实"掷地有声。从准确运用"四种形态",坚持"三个区分开来",更好激发广大党员干部的积极性主动性创造性;到持续整治形式主义、官僚主义问题,严厉纠治文山会海、层层加码、过度留痕等问题,为基层减负;再到坚持正确用人导向,做好优秀年轻干部选拔培养工作,着力建设堪当民族复兴重任的高素质干部队伍……各级领导干部的积极性主动性创造性得到充分发挥。新征程上,继续推进党的自我革命,坚持严管和厚爱结合、激励和约束并重,推动广大党员干部以更加坚定的理想信念、更加过硬的能力素质、更加严明的纪律作风、更加饱满的精神斗志积极担当作为,不断形成奋进新征程、建功新时代的浓厚氛围和生动局面。

全面从严治党再启新程,始终站稳以人民为中心的根本立场。"今年上半年,全国共查处民生领域不正之风和腐败问题3.6万余个,批评教育帮助和处理5.2万余人。"2023年8月,中央纪委国家监委网站公布的这一数据,引起社会广泛关注。从严肃惩治啃食群众利益的"蝇贪蚁腐",坚决查处就业创业、教育医疗、养老社保等领域群众身边的腐败问题;到中共中央办公厅、国务院办公厅印发《乡村振兴责任制实施办法》,压实五级书记抓乡村振兴责任,中央纪委印发意见要求大力整治乡村振兴领域不正之风和腐败问题;再到推动基层监督落实落细,畅通群众监督渠道,规范基层权力运行……新征程上,继续推进党的自我革命,必须顺应群众所思所想所忧所盼,不断以全面从严治党的新成效取信于民、筑牢党的执政根基,确保党始终赢得保持同人民群众的血肉联系、人民衷心拥护的历史主动，始终成为全体人民最可靠的主心骨。

2023年12月26日，习近平总书记在纪念毛泽东同志诞辰130周年座谈会上指出："中国式现代化是中国共产党领导的社会主义现代化，只有时刻保持解决大党独有难题的清醒和坚定，把党建设得更加坚强有力，才能确保中国式现代化劈波斩浪、行稳致远。"环顾国内，经济恢复面临繁重任务，周期性和结构性矛盾叠加，改革发展稳定依然有不少深层次矛盾；放眼全球，世界之变、时代之变、历史之变正以前所未有的方式展开，世界进入新的动荡变革期；检视自身，党的建设特别是党风廉政建设和反腐败斗争面临不少顽固性、多发性问题，党面临的"四大考验""四种危险"将长期存在。

打最硬的铁，须是铁打的人。全面从严治党是党永葆生机活力、走好新的赶考之路的必由之路。新征程上继续推进党的自我革命，必须始终坚守根本政治方向，坚持和加强党的全面领导，坚持以党的政治建设为统领，推动全党更加深刻领悟"两个确立"的决定性意义，增强"四个意识"、坚定"四个自信"、做到"两个维护"，在党的旗帜下团结成"一块坚硬的钢铁"，心往一处想、劲往一处使，为中华民族伟大复兴号巨轮劈波斩浪注入强大动能。

三、中国经验：坚持标本兼治开展反腐败斗争

实践证明，我们党进行的反腐败斗争是有理论、有目标、有行动、有成效的。在党中央领导下，构筑起了党统一领导反腐败斗争

第四章
自强不息在中国特色社会主义新时代的生动实践

的体制机制,加强了党对反腐败工作全方位、全过程的领导;确立了反腐败工作的原则,坚持无禁区、全覆盖、零容忍,坚持重遏制、强高压、长震慑,坚持受贿行贿一起查,产生了巨大震慑效应;形成了反腐败工作的重要方针,一体推进不敢腐、不能腐、不想腐;构筑了反腐败的法治体系。反腐败已经形成了无禁区、全覆盖、零容忍的战略态势,已经形成了利剑高悬、震慑常在,发现一起、查处一起的常态,已经形成了不敢腐、不能腐、不想腐的体制机制,走出了一条依靠中国共产党领导反对腐败、依靠社会主义法治严惩腐败、依靠社会主义制度优势治理腐败的中国道路。

1. 构建起党全面领导的反腐败工作格局

构建起党全面领导的反腐败工作格局,健全了党中央集中统一领导、各级党委统筹指挥、纪委监委组织协调、职能部门高效协同、人民群众参与支持的反腐败工作体制机制,实现了反腐败领导体制重塑、战略目标重塑、组织机构重塑、工作力量重塑、责任体系重塑。构建党统一领导、全面覆盖、权威高效的监督体系,深化国家监察体制改革,组建监察委员会作为党统一领导的专门的反腐败工作机构,与党的纪律检查机关合署办公,优化了反腐败资源配置,实现了党内监督和国家监察、依规治党和依法治国有机统一。巡视是党章规定的重要监督方式,是党内监督的战略性制度安排,是发现问题、形成震慑的一把利剑,凸显了党内监督制度创新的威力。派驻监督是党和国家监督体系的重要组成部分,各派驻机构不断增强"派"的权威和"驻"的优势，发挥了对党和国家各部门的日常监督和执纪问责作用。各级党委（党组）履行党内监督的主体责任，突出了加强对"关键少数"特别是"一把手"和领导班子的监督。

2. "打虎""拍蝇""猎狐"多管齐下

党中央坚持重遏制、强高压、长震慑，坚持受贿行贿一起查，坚持有案必查、有腐必惩。各级纪检监察机关把办案作为最有力、最深入的监督，坚定稳妥、有力有效查处一批重大案件，以惩的力度彰显严的要求，使震慑效应充分显现。坚决惩治利用公权力及其影响力谋取私利的腐败行为，深化金融、国有企业、政法、粮食购销等重点领域反腐败工作，严肃查处阻碍党的理论和路线方针政策贯彻执行、严重损害党的执政根基的腐败问题，坚决清除对党阳奉阴违的两面人、不收敛不收手的腐败分子。"微腐败"看似不起眼，但严重损害老百姓切身利益，破坏基层群众对党的信任。严厉整治发生在群众身边的腐败问题，坚决查处民生资金、教育医疗、低保养老等民生领域侵害群众利益问题，坚决查处基层干部吃拿卡要、盘剥克扣、优亲厚友等问题。将国际追逃追赃作为遏制腐败蔓延的重要一环，纳入反腐败斗争总体部署。在党中央集中统一领导下，建立追逃追赃工作协调机制，连续组织开展"天网行动"，把惩治腐败的天罗地网撒向全球，一批外逃多年的腐败分子被追回，受到法律惩处。正如习近平总书记所强调的："腐败分子即使逃到天涯海角，也要把他们追回来绳之以法，五年、十年、二十年都要追，要

第四章
自强不息在中国特色社会主义新时代的生动实践

切断腐败分子的后路。"①

3. 把权力关进制度的笼子里

反腐倡廉的核心是制约和监督权力。党中央注重发挥制度管根本、管长远的作用,坚持运用法治思维和法治方式开展反腐败斗争,制定和完善一批对反腐败具有基础性、标志性、关键性的法规制度,形成一系列防范和惩治腐败的党内"铁规",增强制度刚性,防止"破窗效应"。腐败的本质是权力出轨、越轨,许多腐败问题都与权力配置不科学、使用不规范、监督不到位有关。因此,党中央全面加强授权、用权、制权等环节的法规制度建设,依纪依法设定权力、规范权力、制约权力、监督权力,为系统施治、标本兼治提供了制度支撑。

4. 坚持不敢腐、不能腐、不想腐一体推进

不敢腐、不能腐、不想腐是相互依存、相互促进的有机整体。"不敢"是前提,以严格的执纪执法增强制度刚性,让党员干部从害怕被查处的"不敢"走向敬畏党和人民、敬畏党纪国法的"不敢";"不能"是关键,科学配置权力,加强重点领域监督机制改革和制度建设,推动形成不断完备的制度体系、严格有效的监督体系;"不想"是根本,加强理想信念教育、提高党性觉悟、涵养廉洁文化,

---

① 《习近平关于党风廉政建设和反腐败斗争论述摘编》,中央文献出版社、中国方正出版社 2015 年版,第 98 页。

筑牢拒腐防变的思想道德防线，夯实不忘初心、牢记使命的思想根基。一体推进不敢腐、不能腐、不想腐，三者同时发力、同向发力、综合发力，才能把不敢腐的强大震慑效能、不能腐的刚性制度约束、不想腐的思想教育优势融于一体。在新的历史条件下，继续在不敢腐上持续加压，始终保持零容忍震慑不变、高压惩治力量常在；在不能腐上深化拓展，前移反腐关口，深化源头治理；在不想腐上巩固提升，更加注重正本清源、固本培元。

5.坚决打赢反腐败斗争攻坚战持久战

习近平总书记指出，腐败和反腐败较量还在激烈进行，并呈现出一些新的阶段性特征，防范形形色色的利益集团成伙作势、"围猎"腐蚀还任重道远，有效应对腐败手段隐形变异、翻新升级还任重道远，彻底铲除腐败滋生土壤、实现海晏河清还任重道远，清理系统性腐败、化解风险隐患还任重道远。[①] 中国共产党始终坚持以零容忍态度反腐惩恶不动摇，更加有力地遏制增量，更加有效地清除存量。坚决惩治不收敛不收手、胆大妄为者，坚决查处政治问题和经济问题交织的腐败，坚决防止领导干部成为利益集团和权势团体的代言人、代理人，坚决防止政商勾连、资本向政治领域渗透等破坏政治生态和经济发展环境的腐败，坚决惩治群众身边的"蝇贪蚁腐"，坚决查处新型腐败和隐性腐败。进一步加强反腐败国家立法，

---

① 《坚持严的主基调不动摇　坚持不懈把全面从严治党向纵深推进》，《人民日报》2022年1月19日第1版。

第四章
自强不息在中国特色社会主义新时代的生动实践

健全系统集成、权威高效的监督体系，完善防止腐败滋生蔓延的体制机制。教育引导广大党员干部清清白白做人、干干净净做事，推动实现干部清正、政府清廉、政治清明。

6. 惩治新型腐败和隐性腐败

当前，腐败隐形变异、手段翻新升级，呈现出腐败主体隐身化、权钱交易民事化、利益输送市场化、主观故意深藏化、权钱关联割裂化、收益来源多样化、贿赂标的虚拟化、性质认定复杂化等新的特点，给调查与认定带来挑战。对此，要深刻把握新形势下反腐败斗争的规律特点，深入总结反腐败斗争的思路方法，有效惩治新型腐败和隐性腐败。针对新型腐败和隐性腐败的特点，要善于运用疑点思维、推定思维、穿透思维、辩证思维，及时发现、有效查明、精准认定新型腐败和隐性腐败。一是运用疑点思维，及时发现问题。为应对腐败主体隐身化、财物权属隔离化，监察人员必须善于运用疑点思维，借助丰富的大数据信息，多维度进行分析比对研判，从细微异常中发现端倪，大胆假设，小心求证，层层剥开伪装。二是运用推定思维，有效查明主观故意。为应对主观故意深藏化、模糊化，监察人员必须善于运用推定思维，根据已经掌握的事实，借助常识常情常理和逻辑规则、经验法则，对行为人的主观方面进行合理推断，并结合案件的其他事实，突破案件、获取证据、认定性质。三是运用穿透思维，善于揭开伪装。为应对权钱交易民事化、利益输送市场化，监察人员必须善于运用穿透思维，认清许多行为实质是权力变现的工具、利益输送的道具、掩饰权钱交易的幌子,善于揭开表层的虚假面纱。四是运用辩证思维,精准适用纪法。为应对权钱关联割裂化、收益来源多样化、贿赂标的虚拟化、性质认定复杂化的特点,监察人员必须善于运用辩证思维、系统思维,全面、精准地理解适用纪法条文、认定行为性质。

第四章
自强不息在中国特色社会主义新时代的生动实践

第三节　文化建设：全党全国各族人民文化自信显著增强

文化兴国运兴，文化强民族强。党的十八大以来，我国意识形态领域形势发生全局性、根本性转变，全党全国各族人民文化自信明显增强，全社会凝聚力和向心力极大提升，为新时代开创党和国家事业新局面提供了坚强思想保证和强大精神力量。

随着我国文化建设取得历史性成就、发生历史性变革，越来越多的国人从西方中心主义的迷雾中走出来，将文化自信深深扎根于5000多年生生不息的中华文明中。这种文化自信彰显了中华文化自身所蕴含的自信自强的精神基因，为实现中华民族伟大复兴提供了更为主动的精神力量。

一、文化自信是更基础、更广泛、更深厚的自信

2016年6月，习近平总书记在主持十八届中央政治局第三十三次集体学习时，将文化自信与道路自信、理论自信、制度自信并提。在庆祝中国共产党成立95周年大会上，习近平总书记明确要求全党

读懂自强不息

"坚定道路自信、理论自信、制度自信、文化自信",并指出文化自信"是更基础、更广泛、更深厚的自信"。习近平总书记鲜明提出坚定文化自信,并将其纳入中国特色社会主义"四个自信",进一步强调"中国有坚定的道路自信、理论自信、制度自信,其本质是建立在5000多年文明传承基础上的文化自信",把文化自信提到了前所未有的高度。

在当代中国,文化自信有着深厚根基。习近平总书记强调:

> 在5000多年文明发展中孕育的中华优秀传统文化,在党和人民伟大斗争中孕育的革命文化和社会主义先进文化,积淀着中华民族最深层的精神追求,代表着中华民族独特的精神标识。[①]

我们的文化自信不仅来自文化的积淀、传承和创新、发展,更来自中国特色社会主义伟大实践,来自实现中华民族伟大复兴的光明前景。首先,文化自信源于以自信自强传承中华优秀传统文化。中华文明历经数千年而绵延不绝,迭遭忧患而经久不衰,有着独特的历史脉络、浓厚的文化底蕴,为我们坚定文化自信提供了深层而持久的驱动力。坚定文化自信,就必须坚守中华优秀传统文化这一根脉,这是中华文明的智慧结晶和精华所在,是中华民族的突出优势,是我们最深厚的文化软实力,是在世界文化激荡中站稳脚跟的根基。其次,文化自信源于以固根守魂弘扬革命文化。革命文化,以革命

[①] 习近平:《在庆祝中国共产党成立95周年大会上的讲话》,《求是》2021年第8期。

第四章
自强不息在中国特色社会主义新时代的生动实践

的精神为内核和价值取向，承载着党的初心和使命，蕴含着党的精神基因和力量源泉。历史和实践充分证明，革命传统不能丢，丢了就丢了魂；红色基因不能变，变了就变了质。这是中国共产党和中国人民一路走来的深刻领悟，也是自信奔赴未来的不变信条。再次，文化自信源于以守正创新发展社会主义先进文化。铸就社会主义文化新辉煌，是以高度文化自信建设文化强国的应有之义。进入新时代，以习近平同志为核心的党中央领导人民进一步推动建设具有强大凝聚力和引领力的社会主义意识形态，把培育和弘扬社会主义核心价值观作为凝魂聚气、强基固本的基础工程，把坚持正确政治方向、舆论导向、价值取向的要求贯穿体现到文化建设的全过程各方面，社会主义先进文化前进方向更加坚定。最后，文化自信源于不断创造奇迹的中国特色社会主义伟大实践。党的百余年奋斗历程和取得的伟大成就，是我们坚定文化自信最坚实的基础。新中国成立特别是改革开放以来，我国经济快速发展，仅用几十年时间就走完发达国家几百年走过的工业化历程，跃升为世界第二大经济体，创造了人类社会发展史上惊天动地的奇迹。党的十八大以来，在以习近平同志为核心的党中央坚强领导下，党和国家事业取得历史性成就、发生历史性变革，中华民族迎来了从站起来、富起来到强起来的伟大飞跃，中华民族伟大复兴展现出前所未有的光明前景。

2023年6月，习近平总书记在文化传承发展座谈会上鲜明提出"文化主体性"的重大论断，指出"文化自信就来自我们的文化主体性"。坚定文化自信，巩固文化主体性，就要清醒认识我们的文化从

读懂自强不息

哪里来、现在处在什么方位、又将走向何方。近代以后，西方帝国主义国家用坚船利炮打开了中国的大门，国家蒙辱、人民蒙难、文明蒙尘，创造了灿烂文明的中华民族遭遇到文明难以赓续的深重危机，呈现在世界面前的是一派衰败凋零的景象。面对前所未有的西方文化挑战，一些国人产生了文化自卑甚至文化自弃的心理，一度失掉了文化自信。马克思主义传入中国，唤醒了沉睡已久的民族，激活了曾经蒙尘的伟大文明。中国共产党带领中国人民推动中华优秀传统文化创造性转化、创新性发展，弘扬革命文化，发展社会主义先进文化，借鉴吸收人类一切优秀文明成果，把马克思主义基本原理同中国具体实际相结合、同中华优秀传统文化相结合，在中华大地上建立起文化主体性。正如习近平总书记所指出的：

> 有了文化主体性，就有了文化意义上坚定的自我，文化自信就有了根本依托，中国共产党就有了引领时代的强大文化力量，中华民族和中国人民就有了国家认同的坚实文化基础，中华文明就有了和世界其他文明交流互鉴的鲜明文化特性。[①]

文化是民族生存和发展的重要力量，一个国家、一个民族的强盛，总是以文化兴盛为支撑的。当今世界正处在大发展大变革大调整时期，综合国力的竞争日趋激烈，文化的地位和作用更加突出，文化越来越成为民族凝聚力和创造力的重要源泉，越来越成为综合

---

① 习近平：《在文化传承发展座谈会上的讲话》，《求是》2023年第17期。

第四章
自强不息在中国特色社会主义新时代的生动实践

国力竞争的重要因素。新时代新征程，要坚持以习近平新时代中国特色社会主义思想特别是习近平文化思想为指引，把文化自信所蕴含的力量充分激发出来，不断巩固全党全国各族人民团结奋斗的共同思想基础，不断提升国家文化软实力和中华文化影响力，为全面建设社会主义现代化国家、全面推进中华民族伟大复兴提供坚强思想保证、强大精神力量、有利文化条件。

二、生动实践：提升国家文化软实力

文化软实力集中体现了一个国家基于文化而具有的凝聚力和生命力，以及由此产生的吸引力和影响力。在一个国家的总体实力中，国家的硬实力固然具有标志性、基础性作用，但文化软实力同样具有不可替代的作用，是一种不可忽略的力量。新中国成立以来，特别是改革开放 40 多年来，我国综合国力大幅跃升，但我们在国际上还存在着信息流进流出的"逆差"、中国真实形象和西方主观印象的"反差"、软实力和硬实力的"落差"。提高国家文化软实力，不仅关系我国在世界文化格局中的定位，而且关系我国国际地位和国际影响力。党的十八大以来，为增强全党全国各族人民的文化自信心，提升国家文化软实力，以习近平同志为核心的党中央不仅推动中华优秀传统文化创造性转化和创新性发展，而且善用政府和市场两只手的力量，不断繁荣发展文化事业和文化产业。

读懂自强不息

1. 推动中华优秀传统文化创造性转化和创新性发展

中华优秀传统文化是中华民族的根与魂，是最深厚的国家文化软实力。如果抛弃传统、丢掉根本，就等于割断自己的精神命脉。博大精深的中华优秀传统文化，是我们在世界文化激荡中站稳脚跟的根基。

中国传统思想文化中的优秀成分，对中华文明形成并延续发展几千年而从未中断，对形成和维护中国团结统一的政治局面，对形成和巩固中国多民族和合一体的大家庭，对形成和丰富中华民族精神，对激励中华儿女维护民族独立、反抗外来侵略，对推动中国社会发展进步、促进中国社会利益和社会关系平衡，都发挥了重要作用。1988年，在巴黎召开的"面向21世纪"第一届诺贝尔奖获得者国际大会上，75位诺贝尔奖得主围绕"21世纪的挑战和希望"议题展开讨论，得出一个结论：人类在21世纪要生存下去，就必须汲取25个世纪之前的儒家先贤之智慧。[①] 这是对中华优秀传统文化当代价值的一种认知和把握。不仅如此，中华优秀传统文化对于解决当代中国和世界面临的问题，对于当代思想文化建设，都可以提供积极有益的启示与借鉴。

中华优秀传统文化是涵养社会主义核心价值观的源泉。习近平总书记指出："富强、民主、文明、和谐，自由、平等、公正、法治，爱国、敬业、诚信、友善，传承着中国优秀传统文化的基因，寄托着近代以来中国人民上下求索、历经千辛万苦确立的理想和信

---

① 王义桅：《全人类共同价值的思想基础》，《现代国际关系》2022年第7期。

第四章
自强不息在中国特色社会主义新时代的生动实践

念,也承载着我们每个人的美好愿景。"① 习近平总书记还强调:"要认真汲取中华优秀传统文化的思想精华和道德精髓,大力弘扬以爱国主义为核心的民族精神和以改革创新为核心的时代精神,深入挖掘和阐发中华优秀传统文化讲仁爱、重民本、守诚信、崇正义、尚和合、求大同的时代价值,使中华优秀传统文化成为涵养社会主义核心价值观的重要源泉。"② 生而为中国人,最根本的是要有中国人独特的精神世界,有百姓日用而不觉的价值观。社会主义核心价值观就充分体现了对中华优秀传统文化的传承和升华。

2014年10月15日,习近平总书记在文艺工作座谈会上指出:

> 历史和现实都证明,中华民族有着强大的文化创造力。每到重大历史关头,文化都能感国运之变化、立时代之潮头、发时代之先声,为亿万人民、为伟大祖国鼓与呼。中华文化既坚守本根又不断与时俱进,使中华民族保持了坚定的民族自信和强大的修复能力,培育了共同的情感和价值、共同的理想和精神。③

中国共产党既是中国先进文化的积极引领者和践行者,又是中华优秀传统文化的忠实传承者和弘扬者。要坚持马克思主义的立场观点方法,坚持古为今用、推陈出新,有鉴别地加以对待,有扬弃地予

---

① 《习近平谈治国理政》第1卷,外文出版社2018年版,第169页。
② 《习近平谈治国理政》第1卷,外文出版社2018年版,第164页。
③ 习近平:《坚定文化自信 建设社会主义文化强国》,《求是》2019年第12期。

以继承。要通过创造性转化和创新性发展，推动中华民族最基本的文化基因同当代中国相适应、同现代社会相协调、同现实文化相融通，把跨越时空、超越国界、富有永恒魅力、具有当代价值的文化精神弘扬起来。传承和弘扬中华优秀传统文化，并不意味着故步自封，而是以更加博大的胸怀，更加广泛地开展同各国的文化交流，取长补短、择善而从，在不断汲取各种文明养分中丰富和发展中华优秀传统文化。

创造性转化，就是要按照时代特点和要求，对那些至今仍有借鉴价值的内涵和形式加以改造，赋予其新的时代内涵和现代表达形式，激活其生命力。创新性发展，就是要按照时代的新进步新进展，对中华优秀传统文化的内涵加以补充、拓展、完善，增强其影响力和感召力。创造性转化和创新性发展是由此及彼、融会贯通、相互支撑的关系，是从量变到质变、从初级到高级的上升过程，创新性发展是创造性转化发展到一定阶段的必然结果。一方面，创造性转化和创新性发展目标一致。二者都是结合时代特点和现实要求，对中华优秀传统文化进行改造和发展，都强调坚持古为今用、去粗取精、去伪存真，继承和弘扬中华优秀传统文化；都主张深入挖掘和阐发中华优秀传统文化的时代价值，把其精髓提炼出来、展示出来。另一方面，创造性转化和创新性发展密切相关。创造性转化是创新性发展的前提与基础，创新性发展则是创造性转化的接续与升华。中华优秀传统文化只有在应对内外环境变化中不断变革，在传承的基础上持续创新，才能始终保持生机活力。

第四章
自强不息在中国特色社会主义新时代的生动实践

在习近平总书记亲自关心推动下，中华文脉在赓续传承中弘扬光大，彰显出强大的生命力、凝聚力、影响力。以文化遗产保护领域为例，党的十八大以来，我国文化遗产保护传承弘扬成效显著，文物保护力度持续加大、重要考古发现备受瞩目、非物质文化遗产绽放新光彩。我国完成第一次全国可移动文物普查、石窟寺等专项调查，长城、大运河、丝绸之路、传统村落等重大文物保护工程相继竣工，数以万计的馆藏珍贵文物、重要出土文物得到抢救修复。中华文明探源工程、"考古中国"重大项目成果丰硕，8800多项考古发掘项目陆续实施，良渚、陶寺、石峁、二里头、殷墟、三星堆等遗址考古取得新发现，边疆考古、水下考古稳步推进，科技考古、公众考古、涉外考古快速发展。近年来，非遗也越来越融入现代生活，各地在传统节日举办丰富多彩的非遗活动，全社会热爱中华优秀传统文化的氛围更加浓厚。2023年，宜兴紫砂、龙泉青瓷、杭绣、东阳木雕、黄杨木雕、缂丝、云锦、发绣、苏绣、扬州漆器……来自全国各地的非遗和工艺在文博会上集中亮相。被誉为"东方艺术瑰宝"、迄今已有1300余年历史的"唐三彩"，被设计成小巧可爱、融合唐朝仕女形象的小摆件，受到年轻群体的青睐。众多优秀传统文化在新时代迸发出"亘古亘今、日新又新"的活力，展示出中华文化的历史底蕴、匠心巧思、东方美学、民族韵味和中国智慧。

中华优秀传统文化在当代青年人群体中的走红，体现了全球化时代青年人对文化身份的认同，彰显了青年人的文化自信。《新时代的中国青年》白皮书敏锐捕捉到青年群体的价值追求和自信姿态，指出：

> 从热衷"洋品牌"到"国潮"火爆盛行，从青睐"喇叭裤"到"国服"引领风尚，从追捧"霹雳舞"到"只此青绿"红遍全国，中国青年对中华民族灿烂的文明发自内心地崇拜、从精神深处认同，传承中华文化基因更加自觉，民族自豪感显著增强，推动全社会形成浓厚的文化自信氛围。

2. 繁荣发展文化事业和文化产业

文化建设是培根铸魂、凝神聚力的重要事业。繁荣发展文化事业和文化产业，有助于发展社会主义文化、坚持和发展中国特色社会主义；有助于更好满足人民文化需求、实现人民对美好生活新期待；有助于以文化人、以文育人、以文培元，增强人民精神力量、促进人的全面发展；有助于培育弘扬社会主义核心价值观，建设中华民族共有精神家园；有助于传承中华文明，提高国家文化软实力、提升中华文化影响力，发展人类文明新形态。党的十八大以来，以习近平同志为核心的党中央高度重视文化工作，作出一系列重大决策部署，推出一系列重大政策举措，推动中国特色社会主义文化繁荣发展。

坚持以人民为中心，推动社会主义文艺繁荣兴盛。党的十八大以来，党中央把文艺工作摆在重要位置，坚持以人民为中心的创作

第四章
自强不息在中国特色社会主义新时代的生动实践

导向，推出更多增强人民精神力量的优秀作品，如电影《我和我的祖国》《长津湖》、电视剧《觉醒年代》《山海情》等。以《觉醒年代》的创作为例，编剧龙平平是原中共中央文献研究室第三编研部主任，接受采访时他表示，自己耗时六年多，在深入挖掘史料的基础上，充分吸收和运用新时代党史研究的最新成果，几经易稿，才完成了《觉醒年代》的剧本创作。《觉醒年代》全景式再现中国共产党的创建历程，以厚重的历史内涵、丰富的文化意蕴、深刻的思想启迪和具有创新意义的审美表达，揭示了中国共产党诞生的历史必然性和道路选择的正确性，更以强烈的艺术感染力和饱满的情感灌注，致敬先驱伟业，颂扬了在那个觉醒年代里，一批共产主义者的初心之纯、主义之真、信仰之坚和理想之美，不仅是一部重大革命历史题材电视剧的优秀之作，而且是一部党史教育的生动教材。同时，它还收获了广大人民群众的喜爱。据"中国视听大数据"（CVB）统计，2021年3月6日至3月12日，《觉醒年代》多项收视指标位居前列，每集平均到达率2.084%，收视率1.241%，均位列黄金时段电视剧单频道收视指标首位。

健全现代公共文化服务体系，提升公共文化服务水平。发展公共文化服务、提升公共文化服务水平，是保障人民文化权益、改善人民生活品质、补齐文化发展短板的重要途径。要坚持政府主导、社会参与、重心下移、共建共享，统筹基础设施建设和服务效能提升，推进城乡公共文化服务体系一体建设，努力为人民群众提供更高质量、更有效率、更加公平、更可持续的公共文化服务。要实施

读懂自强不息

国家文化数字化战略,健全现代公共文化服务体系,创新实施文化惠民工程。我们党坚持文化发展为了人民,文化发展成果由人民共享,不断满足人民多层次、多样化、多方面的精神文化需求。由新中国成立初期的一穷二白迈入大繁荣大发展的新时代,群众文化生活日益丰富多彩,文化软实力大幅提升。数据显示,1949年,全国公共图书馆仅有55个,文化馆站896个;至2023年底,全国共有公共图书馆3309个,文化馆3508个。目前,中国电视剧和图书年产量稳居世界第一,电影产量居世界第二;2023年,全国电影总票房达到549.15亿元。

扩大优质文化产品供给,顺应数字产业化发展趋势。文化产业是现代产业体系的重要组成部分,在促进国民经济发展、满足人民文化需求等方面发挥着重要作用。衡量文化产业发展质量和水平,最重要的不是看经济效益,而是看能不能提供更多既能满足人民文化需求、又能增强人民精神力量的文化产品。党的十八大以来,以习近平同志为核心的党中央始终坚持把社会效益放在首位、社会效益和经济效益相统一,深化文化体制改革,完善文化产业规划和政策,加强文化市场体系建设,不断扩大优质文化产品供给。顺应数字产业化和产业数字化发展趋势,加快发展新型文化业态,改造提升传统文化业态,提高文化产业质量效益和核心竞争力。围绕国家重大区域发展战略,把握文化产业发展特点规律和资源要素条件,促进形成文化产业发展新格局。2012年至2022年,全国规模以上文化企业数量从3.6万家增长到6.5万家,年营业收入从5.6万亿元增长到11.9万亿元；此外，文化和旅游产业体系逐步健全，标准体系不断完善，产业规模不断壮大。具体来讲，数字文化产业快速发展，"云看展"、线上演播等新业态加速崛起；大众旅游、智慧旅游持续发展，自驾游、露营旅游等引领休闲度假新潮流；文化创意、乡村旅游持续赋能乡村振兴；红色旅游、旅游演艺蓬勃发展，文旅融合深度推进。我国文化产业和旅游产业已经成为经济增长的新动力、新引擎，在促进国民经济转型升级、提质增效、满足人民美好生活需要方面，发挥了重要作用。

三、中国经验：处理好三对关系，提升中华文化的国际影响力

1. 处理好外来文化和本土文化之间的关系

对于外来文化，既要反对盲目排外，又要反对不加分析地盲目崇拜和全盘吸收。列宁指出："无产阶级文化应当是人类在资本主义社会、地主社会和官僚社会压迫下创造出来的全部知识合乎规律的发展。条条大道小路一向通往，而且还会通往无产阶级文化，正如马克思改造过的政治经济学向我们指明人类社会必然走到哪一步，指明必然过渡到阶级斗争，过渡到开始无产阶级革命。"[①]毛泽东也对此作出明确论述："对于外国文化，排外主义的方针是错误的，应当尽量吸收进步的外国文化，以为发展中国新文化的借镜；盲目搬

---

① 《列宁选集》第4卷，人民出版社2012年版，第285页。

读懂自强不息

用的方针也是错误的，应当以中国人民的实际需要为基础，批判地吸收外国文化。苏联所创造的新文化，应当成为我们建设人民文化的范例。对于中国古代文化，同样，既不是一概排斥，也不是盲目搬用，而是批判地接收它，以利于推进中国的新文化。"[1] "中国应该大量吸收外国的进步文化，作为自己文化食粮的原料，这种工作过去还做得很不够。这不但是当前的社会主义文化和新民主主义文化，还有外国的古代文化，例如各资本主义国家启蒙时代的文化，凡属我们今天用得着的东西，都应该吸收。但是一切外国的东西，如同我们对于食物一样，必须经过自己的口腔咀嚼和胃肠运动，送进唾液胃液肠液，把它分解为精华和糟粕两部分，然后排泄其糟粕，吸收其精华，才能对我们的身体有益，决不能生吞活剥地毫无批判地吸收。"[2] 在对待这一问题上，邓小平同样坚持既反对盲目排外，又反对不分析、不鉴别、不批判地盲目崇拜和全盘吸收。邓小平指出："我们要向资本主义发达国家学习先进的科学、技术、经营管理方法以及其他一切对我们有益的知识和文化，闭关自守、故步自封是愚蠢的。但是，属于文化领域的东西，一定要用马克思主义对它们的思想内容和表现方法进行分析、鉴别和批判。"[3] 吸收、分析和借鉴外国文化的有益成果应当有一个标准，这个标准就是"是否有利于发展社会主义社会的生产力，是否有利于增强社会主义国

---

[1]《毛泽东选集》第3卷，人民出版社1991年版，第1083页。
[2]《毛泽东选集》第2卷，人民出版社1991年版，第706—707页。
[3]《邓小平文选》第3卷，人民出版社1993年版，第44页。

第四章
自强不息在中国特色社会主义新时代的生动实践

家的综合国力,是否有利于提高人民的生活水平"[①]。对于外来文化,我们一方面要看到"他山之石,可以攻玉";另一方面还要看到"橘生淮南则为橘",到了淮北"橘"就变成"枳"了。正如习近平总书记所指出的:"马克思主义就是我们共产党人的'真经','真经'没念好,总想着'西天取经',就要贻误大事!"[②] 总之,"古之道"不能驾驭"今之有","洋之道"也不能驾驭"中之有"。

2. 处理好核心价值观与全人类共同价值之间的关系

一个国家的文化软实力,从根本上说,取决于其核心价值观的生命力、凝聚力、感召力。习近平总书记指出:"我国要提高国家文化软实力,就必须使当代中国价值观念走向世界。"[③] 要客观真实地向世界讲好中国故事,讲好中国共产党故事,讲好我们正在经历的新时代故事,帮助国外民众认识到中国共产党真正为中国人民谋幸福而奋斗,了解中国共产党为什么能、马克思主义为什么行、中国特色社会主义为什么好。依托我国发展的生动实践,立足5000多年中华文明,全面阐述我国的发展观、文明观、安全观、人权观、生态观、国际秩序观和全球治理观。这就涉及核心价值观与全人类共同价值之间的关系问题。

2015年9月28日,习近平主席在第七十届联合国大会一般性

---

① 《邓小平文选》第3卷,人民出版社1993年版,第372页。
② 习近平:《在全国党校工作会议上的讲话》,《求是》2016年第9期。
③ 《习近平关于社会主义文化建设论述摘编》,中央文献出版社2017年版,第200页。

读懂自强不息

辩论时指出:"和平、发展、公平、正义、民主、自由,是全人类的共同价值,也是联合国的崇高目标。"[①] 在庆祝中国共产党成立100周年大会上,习近平总书记再次强调:"中国共产党将继续同一切爱好和平的国家和人民一道,弘扬和平、发展、公平、正义、民主、自由的全人类共同价值"[②]。全人类共同价值体现了中华文明和衷共济、和合共生的一贯追求,反映了新时代中国对人类文明发展和前途命运的深沉思考,寄托着各国人民对美好生活的共同企盼。要以宽广胸怀理解不同文明对价值内涵的认识,不将自己的价值观和模式强加于人,不搞意识形态对抗。当今世界正经历百年未有之大变局,化解人类面临的突出矛盾和问题,需要依靠物质的手段攻坚克难,也需要依靠精神的力量诚意正心。全人类共同价值为推动构建人类命运共同体提供了价值支撑,为人类文明朝着正确方向发展注入了强大精神动力,为共同建设美好世界提供了正确理念指引。全人类共同价值是人类文明的共同财富,也是破解当今时代难题的钥匙。构建人类命运共同体,必须以践行全人类共同价值为普遍遵循。

3.处理好传播内容和传播形式之间的关系

讲好中国故事、传播好中国声音,根本在于以理服人,传播理念,以情动人,以我为主,融通中外。当前,我国加快构建中国话

[①]《习近平谈治国理政》第2卷,外文出版社2017年版,第522页。
[②]《在庆祝中国共产党成立100周年大会上的讲话》,人民出版社2021年版,第16页。

第四章
自强不息在中国特色社会主义新时代的生动实践

语和中国叙事体系，用中国理论阐释中国实践，用中国实践升华中国理论，打造融通中外的新概念、新范畴、新表述，更加充分、更加鲜明地展现中国故事及其背后的思想力量和精神力量。加强顶层设计和研究布局，构建具有鲜明中国特色的战略传播体系，着力提高国际传播影响力、中华文化感召力、中国形象亲和力、中国话语说服力、国际舆论引导力。全面提升国际传播效能，掌握国际传播规律，采用贴近不同区域、不同国家、不同群体受众的精准传播方式，推进中国故事和中国声音的全球化表达、区域化表达、分众化表达，增强国际传播的亲和力和实效性。

在2022年2月的北京冬奥会开幕式上，二十四节气倒计时将中华文化的瑰丽与智慧展现得淋漓尽致，饱含冬去春来、欣欣向荣的诗意，投射出中国人的生命观、价值观和宇宙观。火炬"飞扬"取自"道法自然，天人合一"的哲学理念，"黄河之水"倾泻而下极具浪漫色彩，五环"破冰而出"彰显心系天下的博大胸怀……充满新意的开幕式以直抵心灵的人文情怀，让世界领略着中华文化和奥林匹克的和合共生。冬奥赛场上，依山而建的"雪游龙"采用新技术，使1.9公里的赛道一次性喷射浇筑成型；取自敦煌壁画形象的"雪飞天"，可实现不同比赛的赛道剖面转化；盈盈欲舞的"冰丝带"采用二氧化碳跨临界直冷制冰技术，为运动员展现速度力量提供了绝佳舞台……花样滑冰比赛中，冰舞选手王诗玥、柳鑫宇的服饰充满意境之美，

读懂自强不息

> 设计灵感源自山水画,男伴是"山"、女伴是"水",利用国画色彩,绘上古典纹样,取青山绿水之义。颁奖时刻,穿戴"瑞雪祥云""鸿运山水""唐花飞雪"服饰的礼仪人员托起宛如同心圆玉璧的冬奥奖牌,古老文明与奥林匹克于方寸间交相辉映。吉祥物"冰墩墩"融合中国文化与现代科技,诠释出中国创造非凡、探索未来的自信,展示以和为贵、热情好客的民族品格。

文化之美与运动之美在冬奥赛场竞相绽放,以"中国风"托起"冬奥范",这是文化自信的生动表达。

坚定深沉的文化自信、保持高度的文化自觉、担当起新的文化使命,奋发有为,砥砺前行,以自强不息的精神,铸就中华文化新辉煌,为强国建设、民族复兴注入强大精神力量。

第四章
自强不息在中国特色社会主义新时代的生动实践

第四节　社会建设：打赢脱贫攻坚战

社会建设是中国特色社会主义事业"五位一体"总体布局的重要组成部分。加强社会建设，必须以保障和改善民生为重点。2012年11月15日，习近平总书记在十八届中央政治局常委同中外记者见面时指出：

> 我们的人民热爱生活，期盼有更好的教育、更稳定的工作、更满意的收入、更可靠的社会保障、更高水平的医疗卫生服务、更舒适的居住条件、更优美的环境，期盼孩子能成长得更好、工作得更好、生活得更好。人民对美好生活的向往，就是我们的奋斗目标。①

要实现这个奋斗目标，实现中华民族伟大复兴中国梦，中国共产党必须团结带领中国人民自强不息、砥砺奋进，为美好生活而不懈奋斗。

新时代以来，在以习近平同志为核心的党中央坚强领导下，社会建设全面加强。脱贫攻坚战取得全面胜利，如期全面建成小康社

---

① 习近平：《必须坚持人民至上》，《求是》2024年第7期。

会；民生保障事业发展实现历史性跨越和全方位跃升；社会治理体系不断完善，共建共治共享的社会治理制度逐渐健全；等等。其中，打赢脱贫攻坚战作为新时代社会建设方面的伟大成就，集中了全党的智慧和人民群众的生动实践，探索了乡村振兴的成功方式和有效途径。

一、中国特色反贫困理论和乡村振兴战略

党的十八大以来，以习近平同志为核心的党中央带领全党全国各族人民，立足我国国情，把握减贫规律，出台一系列超常规政策举措，构建了一整套行之有效的政策体系、工作体系、制度体系，走出了一条中国特色减贫道路，形成了中国特色反贫困理论。一是坚持党的领导，为脱贫攻坚提供坚强政治和组织保证；二是坚持以人民为中心的发展思想，坚定不移走共同富裕道路；三是坚持发挥我国社会主义制度能够集中力量办大事的政治优势，形成脱贫攻坚的共同意志、共同行动；四是坚持精准扶贫方略，用发展的办法消除贫困根源；五是坚持调动广大贫困群众积极性、主动性、创造性，激发脱贫内生动力；六是坚持弘扬和衷共济、团结互助美德，营造全社会扶危济困的浓厚氛围；七是坚持求真务实、较真碰硬，做到真扶贫、扶真贫、脱真贫。中国特色反贫困理论是我国脱贫攻坚的理论结晶，是马克思主义反贫困理论中国化的最新成果，必须长期坚持并不断发展。

第四章
自强不息在中国特色社会主义新时代的生动实践

脱贫攻坚战的全面胜利，历史性地解决了绝对贫困问题，标志着我们党在团结带领人民创造美好生活、实现共同富裕的道路上迈出了坚实的一大步。脱贫摘帽不是终点，而是新生活、新奋斗的起点。在新的起点上，要继续发扬自强不息的精神，接续奋斗，切实做好巩固拓展脱贫攻坚成果同乡村振兴有效衔接各项工作，让脱贫基础更加稳固、成效更可持续。

农业强国是社会主义现代化强国的根基。建设农业强国，必须走中国特色社会主义乡村振兴道路，大力实施乡村振兴战略，推进乡村全面振兴。实施乡村振兴战略，农业农村现代化是总目标，坚持农业农村优先发展是总方针，产业兴旺、生态宜居、乡风文明、治理有效、生活富裕是总要求，建立健全城乡融合发展体制机制和政策体系是制度保障。要坚持乡村全面振兴，抓重点、补短板、强弱项，实现乡村产业振兴、人才振兴、文化振兴、生态振兴、组织振兴，推动农业全面升级、农村全面进步、农民全面发展，让农业成为有奔头的产业，让农民成为有吸引力的职业，让农村成为安居乐业的美丽家园。

推进乡村全面振兴、建设农业强国，必须立足我国国情，扎实稳步推进。把保障粮食和重要农产品稳定安全供给作为头等大事，推动藏粮于地、藏粮于技，依靠自己力量端牢饭碗，增强农业产业链供应链韧性和稳定性。依托双层经营体制发展农业，以家庭经营为基础，坚持统分结合，积极培育新型农业经营主体，形成中国特色的农业适度规模经营。发展生态低碳农业，实现农业生产、农村建设、乡村生活生态良性循环，做到资源节约、环境友好，守住绿水青山。赓续农耕文明，做到乡村社会形态完整有效，文化基因、美好品德传承弘扬，农耕文明和城市文明交相辉映，物质文明和精神文明协调发展。扎实推进共同富裕，实现城乡融合发展、基本公共服务均等化，农村具备现代生活条件，农民全面发展、过上更加富裕更加美好的生活。

全面实施乡村振兴战略是一项艰巨复杂的事业，必须统筹谋划、科学推进。要处理好长期目标和短期目标的关系，遵循乡村建设规律，坚持科学规划、注重质量、从容建设。要处理好顶层设计和基层探索的关系，在贯彻落实党中央关于乡村振兴顶层设计前提下，发挥亿万农民的主体作用和首创精神，制定符合自身实际的实施方案。要处理好充分发挥市场决定性作用和更好发挥政府作用的关系，发挥政府在规划引导、政策支持、市场监管、法治保障等方面的积极作用，加快推进农村重点领域和关键环节改革，激发农村资源要素活力。要处理好增强群众获得感和适应发展阶段的关系，既围绕农民最关心最直接最现实的利益问题，加快补齐农村发展和民生短板，又推动形成可持续发展的长效机制。

二、生动实践：以人民为中心打赢脱贫攻坚战

党的十八大以来，以习近平同志为核心的党中央把脱贫攻坚摆在治国理政的突出位置，把脱贫攻坚作为全面建成小康社会的底线

第四章
自强不息在中国特色社会主义新时代的生动实践

任务,以精准扶贫、精准脱贫为基本方略,组织开展了脱贫攻坚人民战争。2012年底,习近平总书记在河北阜平考察,拉开了脱贫攻坚的序幕;2013年,习近平总书记在湖南花垣县十八洞村首次提出"精准扶贫"理念,指明新时代脱贫攻坚方向;2015年,发出打赢脱贫攻坚战的总攻令;2017年,在党的十九大上把精准脱贫作为三大攻坚战之一进行全面部署;2020年,向着脱贫攻坚的最后胜利进军。2021年2月25日,习近平总书记在全国脱贫攻坚总结表彰大会上庄严宣告:

> 我国脱贫攻坚战取得了全面胜利,现行标准下9899万农村贫困人口全部脱贫,832个贫困县全部摘帽,12.8万个贫困村全部出列,区域性整体贫困得到解决,完成了消除绝对贫困的艰巨任务,创造了又一个彪炳史册的人间奇迹![1]

党中央动员全党全国全社会力量,上下同心、尽锐出战,攻克坚中之坚、解决难中之难,组织实施人类历史上规模最大、力度最强的脱贫攻坚战,形成了伟大脱贫攻坚精神,取得了举世瞩目的历史性成就。

一是农村贫困人口全部脱贫,为实现全面建成小康社会目标任务作出了关键性贡献。党的十八大以来,我国平均每年1000多万

---

[1] 习近平:《在全国脱贫攻坚总结表彰大会上的讲话》,《人民日报》2021年2月26日第2版。

人实现脱贫,相当于一个中等国家的人口脱贫。贫困人口收入水平显著提高,全部实现"两不愁三保障",脱贫群众不愁吃、不愁穿,义务教育、基本医疗、住房安全有保障,饮水安全也都有了保障。2000多万贫困患者得到分类救治,近2000万贫困群众享受低保和特困救助供养,2400多万困难和重度残疾人拿到了生活和护理补贴,等等。

二是脱贫地区经济社会发展大踏步赶上来,整体面貌发生历史性巨变。贫困地区发展步伐显著加快,经济实力不断增强,基础设施建设突飞猛进,社会事业长足进步,行路难、吃水难、用电难、通信难、上学难、就医难等问题得到历史性解决。28个人口较少民族全部整族脱贫,一些新中国成立后"一步跨千年"进入社会主义社会的"直过民族",实现了从贫穷落后到全面小康的第二次历史性跨越。

三是脱贫群众精神风貌焕然一新,增添了自立自强的信心和勇气。脱贫攻坚不仅取得了物质上的累累硕果,也激发了奋发向上的精气神。社会主义核心价值观得到广泛传播,文明新风得到广泛弘扬,艰苦奋斗、苦干实干、用自己的双手创造幸福生活的精神在广大贫困地区蔚然成风。

四是党群干群关系明显改善,党在农村的执政基础更加牢固。各级党组织和广大共产党员坚决响应党中央号召,以热血赴使命、以行动践诺言,在脱贫攻坚这个没有硝烟的战场上呕心沥血、建功立业。广大扶贫干部舍小家为大家,同贫困群众结对子、认亲戚,

第四章
自强不息在中国特色社会主义新时代的生动实践

常年加班加点、任劳任怨，困难面前豁得出，关键时候顶得上，把心血和汗水洒遍千山万水、千家万户。他们爬过最高的山，走过最险的路，去过最偏远的村寨，住过最穷的人家，哪里有需要，他们就战斗在哪里。

五是创造了减贫治理的中国样本，为全球减贫事业作出了重大贡献。摆脱贫困一直是困扰全球发展和治理的突出难题。改革开放以来，按照现行贫困标准计算，我国7.7亿农村贫困人口摆脱贫困；按照世界银行国际贫困标准，我国减贫人口占同期全球减贫人口70%以上。此外，中国积极开展国际减贫合作，履行减贫国际责任，为发展中国家提供力所能及的帮助，做世界减贫事业的有力推动者，为推动构建人类命运共同体贡献中国力量。

三、中国经验：运用好脱贫攻坚成功经验，推动乡村全面振兴

习近平总书记指出，乡村振兴的前提是巩固脱贫攻坚成果，要持续抓紧抓好，让脱贫群众生活更上一层楼。要持续推动同乡村振兴战略有机衔接，确保不发生规模性返贫，切实维护和巩固脱贫攻坚战的伟大成就。① 因此，必须充分运用好脱贫攻坚的成功经验，推动乡村全面振兴取得新进展。

---

① 《中央农村工作会议在京召开》，《人民日报》2021年12月27日第1版。

读懂自强不息

1. 坚持党的全面领导

我国之所以能消除绝对贫困,最根本的是坚持党的全面领导。我们党把脱贫攻坚纳入"五位一体"总体布局、"四个全面"战略布局,统筹谋划,强力推进;广大党员干部以热血赴使命、以行动践诺言,汇聚起打赢脱贫攻坚战的强大力量。我们党坚持以人民为中心的发展思想,把群众满意度作为衡量脱贫成效的重要尺度,集中力量解决贫困群众基本民生需求。充分发挥社会主义制度集中力量办大事的政治优势,广泛动员全党全国各族人民以及社会各方面力量共同向贫困宣战,举国同心,合力攻坚。坚持精准扶贫方略,对扶贫对象实行精细化管理、对扶贫资源实行精确化配置、对扶贫对象实行精准化扶持,建立全国建档立卡信息系统,确保扶贫资源真正用在扶贫对象上、真正用在贫困地区。把发展作为解决贫困的根本途径,改善发展条件,增强发展能力,让发展成为消除贫困最有效的办法、创造幸福生活最稳定的途径。实行扶贫和扶志扶智相结合,既富口袋也富脑袋,引导贫困群众依靠勤劳双手和顽强意志摆脱贫困、改变命运。推动全社会践行社会主义核心价值观,传承中华民族守望相助、和衷共济、扶贫济困的传统美德,引导社会各界关爱贫困群众、关心减贫事业、投身脱贫行动。把全面从严治党要求贯穿脱贫攻坚全过程和各环节,拿出抓铁有痕、踏石留印的劲头,把脱贫攻坚一抓到底。

脱贫摘帽不是终点,而是新生活、新奋斗的起点。打赢脱贫攻坚战之后,我们党持续巩固拓展脱贫攻坚成果,做好同乡村振兴的有效衔接，实现"三农"工作重心的历史性转移。未来，我们要运用好脱贫攻坚的成功经验，始终坚持党的全面领导，坚持把解决好"三农"问题作为全党工作重中之重，坚持农业农村优先发展，走中国特色社会主义乡村振兴道路。

2. 加快发展乡村产业

习近平总书记强调："要积极发展乡村产业，方便群众在家门口就业，让群众既有收入，又能兼顾家庭，把孩子教育培养好。"[①] 当前，农村经济发展正处于关键阶段。从农村自身发展来看，优化产业结构、调整产业发展模式、实现多产业融合发展，符合农村经济自身发展的内在要求，也是助推乡村振兴的重要保障。要顺应产业发展规律，立足本地特色资源，关注市场需求，盘活农村资产，优化产业布局，促进一、二、三产业融合发展，推动乡村产业发展壮大；发展适度规模经营，促进农牧业产业化、品牌化，并同发展文化旅游、乡村旅游结合起来；坚持科技兴农，因地制宜发展乡村旅游、休闲农业等新产业新业态，贯通产加销，融合农文旅，让更多农村居民勤劳致富。深化农村改革，加快推进农村重点领域和关键环节改革，激发农村资源要素活力，完善农业支持保护制度，尊重基层和群众创造，推动改革不断取得新突破。

---

① 《向全国各族人民致以美好的新春祝福 祝各族人民幸福吉祥祝伟大祖国繁荣富强》，《人民日报》2021年2月6日第1版。

3. 加强农村思想道德建设

我国农村地域辽阔，农民人口众多，加强农村思想道德建设是加强全社会思想道德建设的一个重点，也是实施乡村振兴战略的题中应有之义。中共中央、国务院印发的《乡村振兴战略规划（2018—2022年）》明确提出，"加强农村思想道德建设"。加强农村思想道德建设，就要持续推进农村精神文明建设，提升农民精神风貌，倡导科学文明生活，不断提高乡村社会文明程度。具体来讲，要坚持弘扬社会主义核心价值观，弘扬主旋律和社会正气，加强农村公共文化建设，改善农民精神风貌，提高乡村社会文明程度；普及科学知识，推进农村移风易俗，推动形成文明乡风、良好家风、淳朴民风；深入挖掘中华优秀传统农耕文化中所蕴含的思想观念、人文精神、道德规范，培育挖掘乡土文化人才，焕发乡村文明新气象。

4. 加强和改进乡村治理

乡村治理是国家治理的有机组成部分，是国家治理的基石。没有乡村的有效治理，就没有乡村的全面振兴。同时，乡村治理现代化关系国家治理现代化目标的实现。对此，要加快构建完善党组织领导的乡村治理体系，深入推进平安乡村建设，创新乡村治理方式，提高乡村善治水平。实施乡村建设行动，继续把公共基础设施建设的重点放在农村，在推进城乡基本公共服务均等化上持续发力，注重加强普惠性、兜底性、基础性民生建设。合理确定村庄布局分类，注重保护传统村落和乡村特色风貌,加强分类指导。

5. 加强农村生态文明建设

生态宜居是乡村振兴的内在要求,体现了广大农民群众对建设美丽家园的追求。良好生态环境是农村最大优势和宝贵财富。实施乡村振兴战略,一个重要任务就是推行绿色发展方式和生活方式。要抓好生态文明建设,让天更蓝、地更绿、水更清,美丽城镇和美丽乡村交相辉映、美丽山川和美丽人居有机融合;要保持战略定力,以钉钉子精神推进农业面源污染防治,加强土壤污染、地下水超采、水土流失等治理和修复;要扎实实施农村人居环境整治三年行动计划,推进农村"厕所革命",完善农村生活设施,打造农民安居乐业的美丽家园,让良好生态成为乡村振兴的支撑点。

第五节　生态文明建设：绿水青山就是金山银山

生态文明建设是关系中华民族永续发展的根本大计。习近平总书记在党的二十大报告中强调：

> 大自然是人类赖以生存发展的基本条件。尊重自然、顺应自然、保护自然，是全面建设社会主义现代化国家的内在要求。必须牢固树立和践行绿水青山就是金山银山的理念，站在人与自然和谐共生的高度谋划发展。

党的十八大以来，以习近平同志为核心的党中央大力推进生态文明理论创新、实践创新、制度创新，提出一系列新理念新思想新战略，形成了习近平生态文明思想。

在习近平生态文明思想指引下，我们党把生态文明建设摆在全局工作的突出位置，加强党对生态文明建设的全面领导，一体治理山水林田湖草沙，开展了一系列根本性、开创性、长远性工作，决心之大、力度之大、成效之大前所未有，生态文明建设从认识到实

第四章
自强不息在中国特色社会主义新时代的生动实践

践都发生了历史性、转折性、全局性的变化,美丽中国建设迈出坚实步伐。从解决突出生态环境问题入手,注重点面结合、标本兼治,实现由重点整治到系统治理的重大转变;坚持转变观念、压实责任,不断增强全党全国推进生态文明建设的自觉性、主动性,实现由被动应对到主动作为的重大转变;紧跟时代、放眼世界,承担大国责任、展现大国担当,实现由全球环境治理参与者到引领者的重大转变。新时代生态文明建设的伟大成就举世瞩目,成为新时代党和国家事业取得历史性成就、发生历史性变革的显著标志,也进一步为中华民族的永续发展奠定了坚实的生态环境基础。

新时代以来,我们以高品质生态环境支撑高质量发展,打响蓝天、碧水、净土保卫战。

从2013年开始,接续出台三个"大气十条"文件,中央财政大气污染防治资金累计下达2000多亿元。全面建立河湖长制,众多河湖实现从"没人管"到"有人管"、从"管不住"到"管得好"的转变。同时,土壤污染状况详查、土壤污染源头防控行动等稳步推进。我们以改革之力探索转型发展。我国把碳达峰、碳中和纳入生态文明建设整体布局,陆续发布"双碳"目标下的"1+N"政策,大力推动能源革命,加快发展风电光伏等新能源,推进产业绿色低碳转型发展,倡导绿色生活方式。

如今,绿水青山就是金山银山的理念逐步成为全党全社会的共识和行动。我国生态文明体制改革加快推进，生态环境保护发生历史性、转折性、全局性变化，美丽中国建设迈出重大步伐。

以塞罕坝精神为例，作为中国共产党人精神谱系的重要组成部分，塞罕坝精神为推动绿色发展、建设生态文明提供着源源不竭的精神力量。以"牢记使命、艰苦创业、绿色发展"为主要内涵的塞罕坝精神生动彰显了中国共产党在生态文明建设领域坚持不懈、顽强拼搏的奋斗，深刻展现了中国共产党自强不息的民族品格。塞罕坝林场建设者的事迹感人至深，是推进生态文明建设的一个生动范例。

建设生态文明是关系人民福祉、关乎民族未来的千年大计，是实现中华民族伟大复兴的重要战略任务。必须始终站在人与自然和谐共生的高度谋划发展，坚定不移推动绿色发展，驰而不息推进美丽中国建设。

一、绿水青山就是金山银山

在不同发展阶段，人们对于生态环境和经济发展之间关系的认识是不同的。第一个阶段是用绿水青山去换金山银山，不考虑或者很少考虑环境的承载能力，一味索取资源；第二个阶段是既要金山银山，但是也要保住绿水青山，在这个阶段，经济发展和资源匮乏、环境恶化之间的矛盾开始凸显出来，人们意识到环境是生存发展的根本，要留得青山在，才能有柴烧；第三个阶段是认识到绿水青山

第四章
自强不息在中国特色社会主义新时代的生动实践

可以源源不断地带来金山银山,绿水青山本身就是金山银山。这三个阶段是经济增长方式转变的过程,是发展观念不断进步的过程,是人与自然关系不断调整、趋向和谐的过程,充分体现了中国共产党驰而不息带领中国人民探索人与自然和谐共生之路。

2016年5月30日,习近平总书记在全国科技创新大会、两院院士大会、中国科协第九次全国代表大会上指出:

> 绿色发展是生态文明建设的必然要求,代表了当今科技和产业变革方向,是最有前途的发展领域。人类发展活动必须尊重自然、顺应自然、保护自然,否则就会受到大自然的报复。这个规律谁也无法抗拒。①

2005年8月15日,时任浙江省委书记的习近平同志在浙江安吉余村考察时强调"绿水青山就是金山银山"。回顾"两山论"孕育、诞生、发展、完善和走向成熟的历史进程,可以说,作为习近平生态文明思想重要标志的"两山论",自其诞生起,就是一部鲜活的关于什么是绿色发展、坚持什么样的绿色发展、怎样绿色发展的中国特色社会主义政治经济学。

"两山论"体现了绿水青山与金山银山之间的内在统一关系。强调"绿水青山就是金山银山",是从矛盾双方相互依存、相互转化的角度来说的。任何矛盾的双方表面看是彼此对立的,但从发展的角

---

① 《习近平著作选读》第1卷,人民出版社2023年版,第495页。

度看其实是内在统一的，在一定条件下彼此还可以相互转化。生态环境没有替代品，用之不觉，失之难存。必须高度重视和保护生态环境，始终把绿水青山当作宝贵资源，以良好的生态环境吸引人气、聚集财气，努力把生态效益更好地转化为经济效益和社会效益。

生态文明建设既是中国特色社会主义建设"五位一体"总体布局的重要组成部分，也是社会主义全面发展属性的内在要求。生态文明是工业文明发展到一定阶段的产物，是实现人与自然和谐发展的新要求。生态文明本身是对工业文明发展理念的科学扬弃，同时必须深刻认识到，走"绿水青山就是金山银山"的发展之路，是一条前无古人的创新之路，是对工业文明传统模式下原有发展观、价值观、财富观和生态观的突破，是对传统发展方式、生产方式、生活方式的根本性变革。"两山论"的科学论断，构成了生态文明建设的核心价值观，促进形成了生态文明发展的中国范式，改造和提升着工业文明的发展模式，是中国智慧、中国方案对构建人类命运共同体的贡献。"绿水青山就是金山银山，保护环境就是保护生产力，改善环境就是发展生产力"，这一朴素的道理正得到越来越多人们的认同。实践证明，经济发展不能以破坏生态为代价，生态本身就是经济，保护生态就是发展生产力。

二、生动实践：弘扬塞罕坝精神，推进生态文明建设

2017年8月，习近平总书记对河北塞罕坝机械林场建设者感人事迹作出重要批示，55年来，河北塞罕坝林场的建设者们听从党的召唤，在"黄沙遮天日，飞鸟无栖树"的荒漠沙地上艰苦奋斗、甘于奉献，创造了荒原变林海的人间奇迹，用实际行动诠释了绿水青山就是金山银山的理念，铸就了牢记使命、艰苦创业、绿色发展的塞罕坝精神。①

林海苍翠连绵，高天白云舒卷。在位于河北省最北部、内蒙古高原浑善达克沙地南缘的塞罕坝机械林场，置身松树挺立的茫茫林海，很难想象：始建于1962年的林场，曾是林木稀疏、风沙肆虐的荒漠沙地！新中国成立后，党和国家十分重视国土绿化，毛泽东发出"绿化祖国"的伟大号召。原林业部决定在河北省承德市围场满族蒙古族自治县的塞罕坝，建立大型机械林场，为首都阻沙源、为京津涵水源。

不畏艰难险阻，奋勇开拓。"先治坡、后治窝，先生产、后生活"，塞罕坝人顶风冒雪，垦荒植树。然而，因缺乏在高寒地区造林的经验，1962年、1963年造林成活率均不到8%，林场面临困境。"我就不信这个邪，再来！"1964年春天，林场第一任党委书记王尚

---

① 《持之以恒推进生态文明建设　努力形成人与自然和谐发展新格局》，《人民日报》2017年8月29日第1版。

读懂自强不息

海带领职工开展"马蹄坑造林大会战",连续多日吃住在山上,共栽植落叶松516亩,成活率达到96%。王尚海激动得跪在山坡上,泪流满面。这一战,创造了我国高寒地区成功栽植落叶松的先例。现在,原马蹄坑造林会战区成为尚海纪念林,一块写着"绿之源"的石碑告诉人们:这里正是百万亩绿色林海的起源地。接下来,塞罕坝人向土壤贫瘠和岩石裸露的石质阳坡进军,大力开展攻坚造林工程。石质阳坡平均坡度达到46度,土壤厚度只有几厘米,机械设备根本用不上。肩扛马拉、镐刨钎凿、保水覆膜……10万多亩石质荒山被全部绿化。如今,林场的有林地面积由建场初期的24万亩增加到115万亩,成为世界上面积最大的一片人工林。据测算,塞罕坝每年为京津地区涵养水源2.84亿立方米,固定二氧化碳86万多吨,释放氧气近60万吨。[①]

深化改革,塞罕坝人加大保护力度,开创绿色发展新局面。党中央、国务院2015年印发《国有林场改革方案》,将国有林场的主要功能定位于保护培育森林资源、维护国家生态安全。塞罕坝机械林场实施国有林场改革,强化公益属性,大幅压缩采伐量,全面停止皆伐,加强森林抚育,精准提升森林质量,将塞罕坝国家级自然保护区面积由30.4万亩调整到97.9万亩。近年来,塞罕坝林场还积极发展壮大森林碳汇、生态旅游、绿化苗木等绿色产业,引导带动周边区域发展乡村游、农家乐等,助力群众增收致富和乡村振兴。

塞罕坝成功营造起百万亩人工林海,创造了世界生态文明建设

---

① 《弘扬塞罕坝精神 推进生态文明建设》,《人民日报》2021年11月16日第6版。

史上的典型，林场建设者获得联合国环保最高荣誉——地球卫士奖，机械林场荣获全国脱贫攻坚楷模荣誉称号。

2021年8月23日，习近平总书记在河北承德塞罕坝机械林场考察时再次指出，塞罕坝林场建设史是一部可歌可泣的艰苦奋斗史。你们用实际行动铸就了牢记使命、艰苦创业、绿色发展的塞罕坝精神，这对全国生态文明建设具有重要示范意义。[①]塞罕坝林场在生态文明建设中探索出一条绿色创业、绿色发展、绿色保护的新路子，为全球可持续发展打造了中国样本。

三、中国经验：推动人与自然和谐共生

党的十八大以来，以习近平同志为核心的党中央把生态文明建设摆在全局工作的突出位置，坚持绿水青山就是金山银山的理念，站在人与自然和谐共生的高度谋划发展，开展了一系列根本性、开创性、长远性工作，生态文明建设从认识到实践都发生了历史性、转折性、全局性的变化，走出一条人与自然和谐共生的现代化道路。从我国国情和生态文明建设的实际出发，建设美丽中国，必须加快形成绿色生产方式和生活方式，坚持山水林田湖草沙一体化保护和系统治理，用最严格制度最严密法治保护生态环境。

---

① 《贯彻新发展理念弘扬塞罕坝精神 努力完成全年经济社会发展主要目标任务》，《人民日报》2021年8月26日第1版。

1. 推动形成绿色生产方式和生活方式

第一,要加快推动产业结构、能源结构、交通运输结构等的调整优化。习近平总书记指出:"绿色发展,就其要义来讲,是要解决好人与自然和谐共生问题。"① 新时代以来,我们党加快推动发展方式绿色低碳转型,坚持把绿色低碳发展作为解决生态环境问题的治本之策,加快形成绿色生产方式和生活方式,厚植高质量发展的绿色底色。调整优化经济结构是从源头推动发展方式绿色转型的重要任务。我们党抓住了产业结构调整这个关键,促进产业结构变"轻"、发展模式变"绿"。一方面,运用绿色低碳技术加快传统产业改造升级,减少过剩和落后产能,推进能源革命,大力发展非化石能源,促进能源消耗、资源消耗突出的传统行业向绿色产业转型;另一方面,以绿色低碳技术创新和应用为重点,推动战略性新兴产业、高技术产业、现代服务业加快发展,培育新的增长动能。

第二,要推进各类资源节约集约利用。生态环境问题,归根到底是由资源过度开发、粗放利用、奢侈消费造成的。加快发展方式绿色转型,必须在转变资源利用方式、提高资源利用效率上下功夫。要树立节约集约循环利用的资源观,实行最严格的耕地保护、水资源管理制度,重视资源利用的系统效率,重视在资源开发利用过程中减少对生态环境的损害,重视资源的再生循环利用,加快构建废弃物循环利用体系,推动各种废弃物和垃圾集中处理和资源化利用,实现生产系统和生活系统循环链接;要全面推动吃、穿、住、行、

---

① 习近平:《深入理解新发展理念》,《求是》2019 年第 10 期。

第四章
自强不息在中国特色社会主义新时代的生动实践

用、游等各领域消费绿色转型升级,拒绝奢华浪费,形成节约适度、绿色低碳、文明健康的生活方式和消费模式;等等。

第三,要积极稳妥推进碳达峰碳中和。推进"双碳"工作,是破解资源环境约束突出问题、实现可持续发展的迫切需要,是一场广泛而深刻的经济社会系统性变革。习近平总书记指出:"实现'双碳'目标,不是别人让我们做,而是我们自己必须要做。"[1]扎实推进碳达峰碳中和,要把系统观念切实贯彻到"双碳"工作全过程,处理好发展和减排、整体和局部、长远目标和短期目标、政府和市场的关系,既坚定不移走绿色低碳发展的新路子,又不急于求成、偏激冒进。要把"双碳"工作纳入生态文明建设整体布局和经济社会发展全局,立足我国能源资源禀赋,坚持先立后破,有计划分步骤实施碳达峰行动,深入推进能源、工业、建筑、交通等领域绿色低碳转型,加快绿色低碳科技革命,完善绿色低碳政策体系。

第四,要健全绿色发展的保障体系。党的十八大以来,党中央统筹各领域资源,汇聚各方面力量,打好法治、市场、科技、政策"组合拳"。具体来讲,统筹推进生态环境、资源能源等领域相关法律制定修订和生态环境治理制度的完善和实施。强化财政支持、税收政策支持、金融支持、价格政策支持,推动有效市场和有为政府更好结合;推进绿色低碳科技自立自强,把应对气候变化、新污染物治理等作为国家基础研究和科技创新重点领域,狠抓关键核心技术攻关,实施生态环境科技创新重大行动,培养造就一支高水平生

---

[1]《习近平谈治国理政》第4卷,外文出版社2022年版,第371页。

态环境科技人才队伍；深化人工智能等数字技术应用，构建美丽中国数字化治理体系，建设绿色智慧的数字生态文明。

第五，要把建设美丽中国转化为全体人民自觉行动。生态文明是人民群众共同参与共同建设共同享有的事业，每个人都是生态环境的保护者、建设者、受益者。要始终坚持用最严格制度最严密法治保护生态环境，保持常态化外部压力，激发起全社会共同呵护生态环境的内生动力，从而增强全民节约意识、环保意识、生态意识，培育生态道德和行为准则，开展全民绿色行动，动员全社会以实际行动减少能源资源消耗和污染排放，为生态环境保护作出贡献。

2. 坚持山水林田湖草沙一体化保护和系统治理

山水林田湖草沙是一个生命共同体，是不可分割的生态系统。习近平总书记指出：

> 生态是统一的自然系统，是相互依存、紧密联系的有机链条。人的命脉在田，田的命脉在水，水的命脉在山，山的命脉在土，土的命脉在林和草，这个生命共同体是人类生存发展的物质基础。①

坚持系统观念，按照生态系统的整体性、系统性及其内在规律，统筹考虑自然生态各要素、山上山下、地上地下、岸上水里、城市

---

① 习近平：《推动我国生态文明建设迈上新台阶》，《求是》2019年第3期。

第四章
自强不息在中国特色社会主义新时代的生动实践

农村、陆地海洋以及流域上下游,进行整体保护、系统修复、综合治理,实施重要生态系统保护和修复重大工程,着力提高生态系统自我修复能力,增强生态系统循环能力,维护生态平衡,提升生态系统多样性、稳定性、持续性。

强化国土空间规划和用途管控,划定落实生态保护红线、永久基本农田、城镇开发边界以及各类海域保护线。以国家重点生态功能区、自然保护地等为重点,突出对国家重大战略的生态支撑,推进青藏高原生态屏障区、黄河重点生态区、长江重点生态区、东北森林带、北方防沙带、南方丘陵山地带、海岸带等生态屏障建设;着力处理好自然恢复和人工修复的关系,综合运用自然恢复和人工修复两种手段,因地因时制宜、分区分类施策,努力找到生态保护修复的最佳解决方案。

推进自然保护地体系建设。科学划定自然保护地保护范围及功能分区,构建以国家公园为主体、自然保护区为基础、各类自然公园为补充的自然保护地体系;逐步把自然生态系统最重要、自然景观最独特、自然遗产最精华、生物多样性最富集的区域纳入国家公园体系,持续建设三江源、大熊猫、东北虎豹、海南热带雨林、武夷山等国家公园。

科学推进荒漠化、石漠化、水土流失综合治理,持续开展大规模国土绿化行动。森林既是水库、钱库、粮库,也是碳库,开展全民义务植树是推进国土绿化、建设美丽中国的生动实践。中国共产党号召人民积极行动起来,从种树开始,种出属于每个人的绿水青山和金山银山，绘出美丽中国的更新画卷。同时，科学选择植被恢复模式，合理配置林草植被类型和密度，坚持乔灌草相结合，营造防风固沙林网、林带及防风固沙沙漠锁边林草带等。

实施生物多样性保护重大工程。党带领人民加强国家重点保护和珍稀濒危野生动植物及其栖息地的保护修复，构筑生物多样性保护网络；优化就地保护体系，完善迁地保护体系，加强生物多样性保护优先区域的保护监管，填补重要区域和重要物种迁地保护空缺；加强生物安全管理，防治外来物种侵害；推行草原森林河流湖泊湿地休养生息，降低人为活动对草原、森林、河流、湖泊、湿地资源的干扰强度，落实禁牧、休牧和草畜平衡制度，促进草原永续利用，统筹水资源、水环境、水生态、水安全，加强河流和湿地生态流量管理；等等。

3. 用最严格制度最严密法治保护生态环境

保护生态环境必须依靠制度、依靠法治。习近平总书记指出："只有实行最严格的制度、最严密的法治，才能为生态文明建设提供可靠保障。"[①] 必须把制度建设作为生态文明建设的重中之重，构建产权清晰、多元参与、激励约束并重、系统完整的生态文明制度体系，把生态文明建设纳入制度化、法治化轨道。

实行最严格的生态环境保护制度。要健全源头预防、过程控制、损害赔偿、责任追究的生态环境保护体系；加快建立健全国土空间

---

① 《习近平谈治国理政》第 1 卷，外文出版社 2018 年版，第 210 页。

第四章
自强不息在中国特色社会主义新时代的生动实践

规划和用途统筹协调管控制度,完善主体功能区制度;完善绿色生产和消费的法律制度和政策导向,自觉推动绿色循环低碳发展;构建以排污许可制为核心的固定污染源监管制度体系;健全生态保护和修复制度,加强对重要生态系统的保护和永续利用;完善生态环境保护法律体系和执法司法制度;等等。此外,要进一步完善生态文明领域统筹协调机制,健全党委领导、政府主导、企业主体、社会组织和公众共同参与的现代环境治理体系,构建一体谋划、一体部署、一体推进、一体考核的制度机制。

全面建立资源高效利用制度。要推进自然资源统一确权登记法治化、规范化、标准化、信息化,健全自然资源产权制度,落实资源有偿使用制度,实行资源总量管理和全面节约制度;健全资源节约集约循环利用政策体系,普遍实行垃圾分类和资源化利用制度;推进能源革命,构建清洁低碳、安全高效的能源体系;健全海洋资源开发保护制度,系统谋划海洋开发利用,推进陆海协同可持续发展;加快建立自然资源统一调查、评价、监测制度,健全自然资源监管体制。

严明生态环境保护责任制度。建立生态文明建设目标评价考核制度,强化环境保护、自然资源管控、节能减排等约束性指标管理,严格落实企业主体责任和政府监管责任;开展领导干部自然资源资产离任审计,推进生态环境保护综合行政执法,落实中央生态环境保护督察制度;健全生态环境监测和评价制度,完善生态环境公益诉讼制度,落实生态补偿和生态环境损害赔偿制度,实行生态环境损害责任终身追究制；健全河湖长制、林长制，推动生态文明建设再上新台阶。

制度的生命力在于执行，关键在真抓，靠的是严管。党的十八大以来，以习近平同志为核心的党中央在生态文明建设上牢固树立制度的刚性和权威，对已出台的生态环境保护制度认真执行，要求不得作选择、搞变通、打折扣；不断提升行政执法能力，强化生态环境行政执法与刑事司法衔接，强化对破坏生态环境违法犯罪行为的查处侦办，抓住破坏生态环境的反面典型，释放出严加惩处的强烈信号，明确在生态环境保护问题上不能越雷池一步，以真抓严管确保党中央关于生态文明建设决策部署落地生根见效。